Павел Гультяев
Анастасия Шпуленко

Рай на Земле

Павел Гультяев
Анастасия Шпуленко

Рай на Земле

Путешествия, мысли, приключения

Bloggingbooks

Impressum / Выходные данные

Bibliografische Information der Deutschen Nationalbibliothek: Die Deutsche Nationalbibliothek verzeichnet diese Publikation in der Deutschen Nationalbibliografie; detaillierte bibliografische Daten sind im Internet über http://dnb.d-nb.de abrufbar.
Alle in diesem Buch genannten Marken und Produktnamen unterliegen warenzeichen-, marken- oder patentrechtlichem Schutz bzw. sind Warenzeichen oder eingetragene Warenzeichen der jeweiligen Inhaber. Die Wiedergabe von Marken, Produktnamen, Gebrauchsnamen, Handelsnamen, Warenbezeichnungen u.s.w. in diesem Werk berechtigt auch ohne besondere Kennzeichnung nicht zu der Annahme, dass solche Namen im Sinne der Warenzeichen- und Markenschutzgesetzgebung als frei zu betrachten wären und daher von jedermann benutzt werden dürften.

Библиографическая информация, изданная Немецкой Национальной Библиотекой. Немецкая Национальная Библиотека включает данную публикацию в Немецкий Книжный Каталог; с подробными библиографическими данными можно ознакомиться в Интернете по адресу http://dnb.d-nb.de.
Любые названия марок и брендов, упомянутые в этой книге, принадлежат торговой марке, бренду или запатентованы и являются брендами соответствующих правообладателей. Использование названий брендов, названий товаров, торговых марок, описаний товаров, общих имён, и т.д. даже без точного упоминания в этой работе не является основанием того, что данные названия можно считать незарегистрированными под каким-либо брендом и не защищены законом о брендах и их можно использовать всем без ограничений.

Coverbild / Изображение на обложке предоставлено: www.ingimage.com

Verlag / Издатель:
Bloggingbooks
ist ein Imprint der / является торговой маркой
OmniScriptum GmbH & Co. KG
Heinrich-Böcking-Str. 6-8, 66121 Saarbrücken, Deutschland / Германия
Email / электронная почта: info@bloggingbooks.de

Herstellung: siehe letzte Seite /
Напечатано: см. последнюю страницу
ISBN: 978-3-8417-7214-5

Copyright / АВТОРСКОЕ ПРАВО © 2013 OmniScriptum GmbH & Co. KG
Alle Rechte vorbehalten. / Все права защищены. Saarbrücken 2013

Содержание:

- Содержание с.1
- Введение с. 3
- Мы в Индии с. 5-6
- Индия с. 6-9
- Как жарить орехи кешью с. 9-15
- Нищие в Индии с. 15-17
- Заметки в Дарамсале с. 17-21
- Полезная информация о Гоа с. 21-28
- Как мы решились уехать в другую страну с. 28-39
- Как мы добирались до Дарамсалы с. 39-50
- Стихия в Дарамсале с.50-57
- Ответы на вопросы тех. кто собирается в Индию с.57-62
- Пляж Парадайз и Реди форт с.62-66
- Как мы добирались до Гоа с.66-70
- Как мы добирались из Гоа до Непала с.70-82
- Гоа. Немного по пунктам с. 82-87
- Еда в Гоа: Electric Cats в Баге с.88-93

Введение:

Здравствуйте! Нас зовут Павел Гультяев и Анастасия Шпуленко-Гультяева. На данный момент мы живем и развиваем наш бизнес в Гоа. Мы занимаемся организацией и проведением свадебных церемоний в Гоа и любых мероприятий. Предлагаем услуги фотосессий и индивидуального коучинга. Подробнее о нас и наших услугах на rai-na-zemle.com

Все то, чем мы занимаемся и чем увлечены решили разместить на нашем сайте. Верим, ваша жизнь станет чудесной и удивительной вместе с нами и нашим сайтом! Всегда рады обратной связи и вашим пожеланиям и советам.

Ниже представлены статьи из рубрики "Путешествия". Приглашаем на наш сайт rai-na-zemle.com, где вы узнаете больше статей на темы улучшения жизни, еды, нашего творчества. Мы рады каждому посетителю и читателю!

Внешний окружающий нас мир есть удивительное отражение нашей внутренней Вселенной. Познавая себя, меняя себя, можно заметить и изменения действительности. Также, все более и более познавая реальность, открываются все новые и новые горизонты собственного «Я».

Сейчас Вселенная как никогда ранее открыта для познания. Конечно, можно жить в привычном месте, делать привычные действия, наблюдать привычные вещи и привычных людей и комфортно крутиться, как белка в своем колесе, встречая на пути одно и тоже — но вот вопрос: Зачем эта привычная однообразная игра? Зачем жить в заезженном колесе, когда вне его непознанный мир?

В РУБРИКЕ «ПУТЕШЕСТВИЯ» и на этой странице мы выкладываем интересные статьи о путешествиях, необычных местах земного шара, а также наши собственные приключения, наблюдения и переживания в тех местах, где мы побывали.

Мы в Индии

Posted on 10.03.2012 by Павел и Анастасия

В общем хотим поделиться нашей историей — Мы впервые так далеко за границу в Индию, да еще с переездом. И особо не продумали все детали, и не читали никаких сайтов — поэтому первый опыт дорогой и очень поучительный - поделимся с вами, чтобы точно не кому не попасть так, да и заодно самим полегче станет — а то обидно прям очень. В общем, взяли из Москвы билеты до Дели, виза на 6 месяцев, начитались какая Индия классная осознанная страна, и тут на кануне перехода решили переехать сюда жить, в рай на Земле. В общем, в аэропорт Дели приехали ночью, взяли такси официальное за 400 рупий, и нам посоветовали отель за 1000 рупий, ну мы и поехали. Жесть в приключениях началась еще с такси, когда посреди пустынной дороги водила остановил возле какой-то дорогой тачки, где 2 бугая, и сказал, что его машина сломалась, и надо на этой ехать — муж сонный вообще не понял и почти согласился. А я почувствовала развод и орала как потерпевшая, типа полицию вызовем и все дела — в итоге нас напугались и повезли туда к отелям, там вообще - привезли в какое-то местное тур-бюро, и дядя обещал нам найти отель, и по ходу он там сговорился, так как даже когда муж разговаривал по телефонам, которые набирал дядя — там говорили что есть только самый дешевый номер за 400$ это нас не вдохновило, тогда он предложил тур за 300 $ на человека 5 дней с заездом в Джайпур и Агру, и там за свой счет глянуть достопримечательности, ну и мы долго думали и советовались и так напугались, что согласились на все — в итоге тур с приездом на Гоа наконец и нашим гидом и сари и специями нам обошелся в 1200 $ за 5 дней. Мы просто в шоке, явный пример как делать не надо и как не надо верить индийцам-коммерсантам — улыбаются от души и разводят по полной))) В силу таких обстоятельств тут даже заработок в Гоа подыскиваем, так как сейчас понимаем, что тут в Гоа на эту сумму без проблем могли 6 месяцев жить и кайфовать, как короли, так что вот такой горький и неприятный опыт — всем советую — не верьте улыбкам и уговорам, тут разведут не по-детски, если веришь им, и осознанностью вообще не пахнет. Сейчас живем в Сиолиме в квартире с двумя спальнями и кухней возле бассейна и в 6 км от пляжа всего за 6000 рупий (120$), наши знакомые тут говорят нам прямо повезло за такую сумму и такой классный вариант, так что надеемся нам Вселенная восполнит и вернёт все глупо потраченное в 10 кратном размере больше. Но урок мы за 5 дней извлекли яркий — прежде чем ехать, надо досконально все изучить и поставить цель, и лучше с кем-то осознанным и адекватным познакомиться и ехать в адеквате сюда. Но тут очень классно, тепло и интересно и впрямь рай на Земле!!! Так что всем желаем - осуществляйте свои мечты и наслаждайтесь жизнью!!! Всем любви, удачи и терпения))) Вселенная идеальна — все желания сбудутся и все вернется на круги своя, а обиды лучше забывать и отпускать, и все будет хорошо!! Всем желаем мира, любви и осознанности!!!

Индия

Posted on 24.03.2012 by Павел и Анастасия

Собрались однажды мы в Индию, в Гоа. Цели поставили высокие и, как оказалось, фантастические: попробовать открыть ресторанный бизнес и повысить осознанность, так как в уме четко стоял стереотип, что Индия — страна осознанности, где на каждом углу медитируют и йогой занимаются, да и сама страна бедная и ресторанами тут мало кто занимается.

Но Индия она на то и Индия, что рушит привычные шаблоны восприятия. О наших злоключениях в первую неделю пребывания можно прочитать в статье «Мы в Индии». А теперь, когда волнения улеглись, можно спокойно, в состоянии шанти (безмятежность, покой) рассказать о наших наблюдениях и ощущениях волшебной страны.

Во-первых, Индия — никакая не бедная страна. Это изобильная страна! Цены дешевые — это да, и это никак не указывает на бедность. За 1 рупий (58 копеек) можно купить две жвачки, и на 90 рупий (~50 рублей) можно сытно позавтракать — главное знать места. Местные рынки полны фруктов, овощей, одежды, специй, всего, чего только хочешь — все дешево и просто. Да, Индию можно назвать простой страной, но никак не бедной.

Во-вторых, ресторан тут открывать не имеет смысла. На примере Гоа: всевозможных ресторанов с индийской, европейской, китайской, русской, мексиканской и т.д. тут выше крыши (да, есть и рестораны на крышах) — это в основном туристические варианты, где, пожив месяц в Индии, понимаешь, что цены раз этак в 3-20 завышены, и прибыль такие предприятия приносят только в сезон с октября по март, когда Гоа заполоняют туристы. Держатели пляжных ресторанов всегда сравнивают свой бизнес с огромной горой денег на побережье, которая горит и полыхает.

Лучше дела обстоят у местных заведений для местных жителей - работают круглый год, постоянные посетители, цены приемлемые. Но такое заведение открыть может только индиец. Наверное потому, что индийскую атмосферу может создать только местный абориген. И кушать намного приятнее в простых индийских кафе: там бесплатно дают воду (на каждом столе всегда стоит кувшин), еда по-индийски вкусная-острая-пряная-необычайная, меню — по-индийски дешевое, порции — по-индийски огромные. И нет никаких наворотов типа играющей музыки, Wi-Fi, супер-мега интерьера, декоративной посуды и т.д., чем любят изобильствовать российские рестораны. Все просто: столы, стулья, вентиляторы, железная посуда.

Далее, это нравы и обычаи. Индийские нравы очень разнообразны. В мегаполисах типа Дели, Джайпура, Агры народ более меркантильный и в туристах видит денежную бочку. В Гоа, особенно на севере штата, люди наоборот, приветливые и отзывчивые. Они откликаются на любую просьбу:

местные женщины помогут завязать сари, мужчины всегда подскажут дорогу; если какая-нибудь неприятность случилась на дороге — обязательно кто-нибудь остановится, и этот кто-нибудь всегда во множественном числе.

Индусы, несмотря на 30-40-градусную жару, всегда плотно одеваются: женщины укутаны в сари, а под сари блузка и штаны; мужчины в джинсах или штанах, носят рубашки, иногда попадаются персонажи в свитерах и/или в большой зимней обуви, что вызывает удивление у полуголых туристов. Сами индусы очень любят купаться, правда купаются они около берега, лежа. На глубину они не заплывают.

Еще одна сумасшедшая менталитетная особенность — это движение: индусы любят ездить быстро и без правил. И во всем этом хаосе ходят люди с большими телегами, стоят или лежат коровы, ездят велосипеды, рикши (мото/вело/пешие), автомобили от легкового до экскаватора и все сигналят, бибикают, кричат и никаких аварий. Когда первый раз приезжаешь в Индию и попадаешь в какой-нибудь мегаполис типа Дели, то местный трафик шокирует и никакого желания водить транспортное средство не возникает — срабатывает инстинкт самосохранения. А вот если взять в аренду скутер и влиться в дорожный хаос, то понимаешь, как такое вообще существует: обретается такое состояние Шанти и раньше кажущийся беспорядок обретает гармонию. Просто индийцы очень простые — они не заморачиваются по поводу правил, как в России, тут правило простое: увидел свободное место — едь. Редко кто смотрит в зеркала заднего вида, потому как обгоняющий всегда предупреждает обгоняемого сигналом клаксона, а местная полиция принимает взятки не стесняясь — даже открыто говорит о сумме.

А еще в Индии потрясающая природа. Если приехать в середине февраля, можно застать растущий месяц: он повернут на 90 градусов, поэтому в ночном небе сияют белые рога индийской луны. Здесь постоянно зелено, жарко, свободно. Круглый год растут овощи и фрукты, можно найти растущие манговые деревья, кешью, кокосы — и сорвать, и взять себе.

Индия — страна, которая разворачивает кругозор и восприятие мира, как месяц, что в Индийском небе. Здесь обретается Шанти. И в индийской искренней простоте сам становишься искренне простым.

Как жарить ОРЕХИ КЕШЬЮ

Posted on 26.05.2012 by Павел и Анастасия

Пребывая в Индии и насобирав кучу кешью орехов, мы естественно захотели их пожарить. Обыскав пространство интернета, мы нигде не нашли четкого пособия по приготовлению кешью орехов. Такой расклад никоим образом нас не устраивает, поэтому решили прибегнуть к помощи индусов, у кого снимаем домик, и пожарить все кешью орехи. А заодно написать подробнейшее руководство, как это делать с фотографиями и комментариями.

Для начала расскажем немного о том, что такое КЕШЬЮ и как его едят. В Индии, особенно в Гоа, растет очень много КЕШЬЮ-деревьев, у которых очень интересные плоды. По форме и цвету они напоминают болгарский перец (желтый, оранжевый, красный), у которого снизу прикреплен большой зеленый боб. Так вот, этот похожий на перец плод — это яблоко кешью, а расположившийся снизу боб — это сам орех. Зрелый плод очень водянистый, сладковато-терпкий, портится на следующий день, поэтому на рынках его практически не продают, да и из Индии не увезти. Из яблок кешью делают местный самогон — Фени.

Теперь об орехах. Орехи КЕШЬЮ добыть не так уж просто, что и объясняет цену этого продукта. Во-первых, одному плоду соответствует один орех, поэтому, чтобы добыть хотя бы полкило орехов кешью, нужно потратить немало времени. Во-вторых, между скорлупой и ядром ореха располагается кислота, которая разъедает кожу, оставляя неприятные ожоги и болевые ощущения. В-третьих, чтобы избежать химических ожогов, нужно выпарить кислоту и жарить орехи КЕШЬЮ на открытом огне, что требует определенной доли ответственности и умения не превратить добытые орешки в тлеющие угольки.

Итак, добыв кешью орехи (насобирав в лесу или купив на рынке), сначала оставьте их денька на два-три позагорать на солнце. Они должны приобрести багровый оттенок. С этого времени орехи можно жарить. Для этого необходим следующий инвентарь: решетка (лучше с деревянной ручкой), кирпичи или камни, сухие пальмовые ветви с листьями — побольше, в зависимости от количества орехов, длинная палка, спички или зажигалка.

ОРЕХИ ЖАРЯТСЯ ТОЛЬКО НА СВЕЖЕМ ВОЗДУХЕ! Потому что при жарке испаряется кислота, и если это делать на кухне или в другом помещении, то в скором времени все пространство будет в неприятном едком горьком дыму.

Шаг первый. Создаем из кирпичей или камней мангал, высотой 10-20 см. На мангал сверху ложим решетку, на решетку — кешью орехи. В сам мангал кладем сухую пальмовую ветвь.

Шаг второй. Поджигаем ветвь. Огонь должен перекинуться на орехи и воспламенить их. Как только орехи начинают гореть, из них выделяется густой дымок, скорлупа чернеет, становится маслянистой — выпаривается кислота. Так как кислота органическая, то через пару минут из орехов начинают выстреливать огненные языки — горючие продукты распада. Большой палкой можно контролировать орехи, чтобы они никуда не убежали из-за всех происходящих реакций.

поджигаем ветвь

орехи горят, из них выпаривается кислота в виде дыма

палкой контролируем орехи

<u>Шаг третий</u>. Только после этого, когда орехи пошипели и поиспускали огонь и стали полностью черными, их необходимо снять с огня. Как вариант — просто их опрокинуть той же большой палкой на землю. На этом этапе ***внимательно слушайте свою интуицию***: если передержите на огне — сожжете ядра орехов — то, что нам и нужно добыть. Затем, другой пальмовой ветвью нужно потушить горящие орехи и дать им остыть.

опрокинули горящие орехи на землю

тушим горящие орехи сухой пальмовой ветвью

В зависимости от количества КЕШЬЮ орехов повторяйте шаги 2 и 3 столько, сколько нужно.

ГОТОВЫЕ КЕШЬЮ ОРЕХИ — ЭТО ПОЧЕРНЕВШИЕ КЕШЬЮ ОРЕХИ.
Чем больше площадь почерневшей скорлупы, тем меньше в них осталось обжигающей кислоты. Конечно, большое количество КЕШЬЮ орехов трудно пожарить идеально, поэтому будут попадаться и те, что недожарены (не почерневшие) и те, что пережарены (рассыпающиеся угольки), благо, при правильной жарке, процент таковых очень мал, да и недожаренные орехи можно дожарить.

готовые кешью орехи

Шаг четвертый. Добываем вкусные ядра. Берем что-нибудь тяжелое, например железяку, молоток или камень, и начинаем раскалывать скорлупу. Можете делать это спокойно голыми руками — кислоты уже нет. Лучше всего бить по «спинке» и с обратной стороны, чтобы орех раскололся на две симметричные части и можно было достать целое ядро и с удовольствием его съесть. Необходимо расчитать силы, так как скорлупа у КЕШЬЮ ореха губчатая — если ударить слишком сильно, ядро превратиться в крошку, что не очень удобно собирать и есть.

УСПЕХОВ!

Нищие в Индии

Posted on 11.06.2012 by Павел и Анастасия

За время жизни в Индии перестали верить попрошайкам! При приезде сюда были просто поражены их изобилием. Особенно крупные города Индии просто обескураживают, создается мгновенное впечатление, что Индия — самая нищая из всех стран. На перекрестках и дорогах крупных городов во всех вариантах подходят просители: мамы с грудными детьми, калеки всех вариаций, артистичные дети, танцующие под барабан в странных одеждах или делающие сальто, дети или взрослые с кувшинчиком или тарелкой, в котором фото одного из местных богов, и ты тем самым якобы делаешь подношение богу. Причем подходить они любят к иностранцам, «белым обезьянам», так как по их мнению белый цвет кожи — денежный цвет. Был самый странный случай — подошел мальчик с небольшим ведерком железным, и водитель нашего авто дал ему деньги, мы спросили зачем он дал, он ответил, что это подношение железному Богу — ведру! Тут и на деревья на все молятся, возле многих крупных Баньянов просто алтари разбиты! А в Дарамсале - Малый Тибет — так вообще в каждом кафе и повсюду портреты во всех вариациях Далай-Ламы, хотя считается что это не естественно. Так вот все это изобилие попрошаек оказывается совершенно липовое! В фильме «Я – Бог» это абсолютно верно показано. Есть прямо специальные бизнесы, которые делают с детства людей калеками! Как нам рассказывал индус, вообще на детей Индии из неблагополучных семей или детей сирот распространяется закон, который отдает ребенка в детский дом и там его растят, ухаживают, и дети там далеко не бедно живут! И еще ребенку оплачивают даже высшее образование за счет государства, хотя оно тут весьма дорогое! Поэтому для людей созданы условия абсолютно все! Мы были просто удивлены, почему же тогда там много попрошаек, особенно детей. На что индус четко сказал: «Бизнес… деньги!» И в этот момент осознаешь, что жалость твоя – ни что иное как механизм, поддерживающий этот ужасный маятник, эту денежную машину!!! В том, что это и впрямь просто денежная машина убеждались постоянно – подбегают нищие к нам всегда в любых городах и местах Индии и всегда просят и самое удивительное, что именно бегут к нам - не обращают внимания на индусов, а скачут к белым и, порой, не по-доброму, а даже с некой угрозой просят и не отходят до тех пор, пока просто не пошлешь их нагло матом, по-другому никакие даже слова на английском не помогают! И еще не сколько раз нами проверено – подбегает попрошайка, стоит нагло просит, даешь ему манго или банан недоуменно смотрит на тебя, либо вообще не берет, либо берет и стоит еще какое-то время просит либо уходит, но что самое обидное – забрав фрукт отходит несколько шагов и наглым образом выбрасывает твой фрукт... Вот и делайте выводы, господа!! А разве в России не так??? При этом в Индии жить в мелких городах не сильно туристических в 3-4 раза дешевле и нормальное работающее население не голодает, а просто живут и спокойно делают свое дело. Так может, стоит задуматься, прежде чем давать бездумно кому-то что-то... Ты эту денежную энергию трудом зарабатывал, а тебя тут просто разводят, используя твое чувство жалости... Проснитесь, люди!!! Жалость ни к чему хорошему не приводит ни в одной стране, только любовь спасет мир, а любовь – это действия, Процесс, создание нового!!! И еще по попрошайничеству – это порой просто раздражает, когда человек , у которого есть руки и ноги и башка на плечах с умом, объем которого примерно одинаков у всех людей, выпрашивает, просто потому что не хочет в себе разбираться, становится творцом своей жизни, а тем, что у тебя есть то, чего нет у него – как бы попрекает тебя, выпрашивая кроху. Это самая отвратительная форма человеческого существования! Даже бездомные животные Индии не столь наглые. Они тебя просто по определению любят и ласкаются к тебе, не потому что ты им что-то дал, а потому что ты просто есть. Люди, что с вами случилось??? Почему вы сдали себя и вам легче просить, чем достигать результаты?? Проснитесь!!! И не идите на поводу маятника «денежной машины» — он питается вашей жалостью!!

Заметки в Дарамсале

Posted on 11.06.2012 by Павел и Анастасия

И каждый мой день, каждое мгновение жизни интересно, радостно, наполнено удовольствием, приятным общением и осознанной информацией! Трансформация во мне проходит комфортно и радостно отражается в мире! Принятие мое движет этот мир в любви и гармонии! И окружают меня и притягиваются ко мне только радостные, осознанные, позитивные, любящие люди! И всегда все интересно и комфортно в мире и Вселенной моих!

Дарамсала нас со вчерашнего дня начала радовать — сначала покормили обезьянку печеньем, потом вкусно и классно поели сами. Тут есть кафе «Як» (YAK), о нем узнали в интернете, когда смотрели цикл передач с Дмитрием Комаровым «Мир наизнанку: Индия». Он в одной из серий рассказал, что это семейное кафе не первого поколения! Советую его всем, цены приемлемые очень, порции огромные, и вкуснотища невероятная! Мы вчера попробовали мо-мо (тибетские пельмени) в бульоне и суп с длинными макаронами — просто нет слов 😊вкуснотища! И чай пили с имбирем, медом и лимоном — просто неописуемо вкусно! И внутри заведения очень уютно и приятно: маленькое, но очень комфортное, прямо по-домашнему! Сегодня еще пойдем тибетские изыски пробовать.

ресторан «ЯК»

Шабтак (Shabtak) — свинина с острым соусом и овощами, салом и всего 230 рупий (4$) — на двоих наелись - с трудом доели

Тупка (Thupka) — тибетский суп с длинной лапшой, мясом и овощами

момо в бульоне — очень вкусно (80 рупий = 1,5$)

Очень странная и другая Индия здесь в Дарамсале: погодка не летняя, а этакое лето осеннего типа, чем-то Россию напоминает. Бывает безумно жарко днем, а потом ни с того ни с сего льет дождина — благо, что здесь дожди короткие. Ночью очень даже прохладно, забыли уже когда включали вентилятор, хотя в Гоа и в Дели без него было просто невозможно спать. Местность вся гористая — все поселение, и все городки, и жилые домики тут расположены вдоль горы, поэтому специально делать зарядку не приходится: при выходе из дома постоянно делаем целый комплекс физических упражнений по подъему и спуску. Ну и конечно самое удивительное — живем сейчас в квартире без ничего и спим на одном спальнике, укрывшись вторым — тело до сих пор в шоке - столько времени спали на матрасах и подушках, и тут какие-то непонятные новинки! В общем постройнение и спортивность нам тут гарантированы! Зато виды тут просто обворожительно королевские. При подъеме домой постоянно на горизонте видим огромные, величественные, заснеженные горы, скоро сходим туда. В общем Индия — страна удивлений и контрастов!!

Периодически читаем информацию про Тюмень и удивляемся — да, мы и впрямь отвыкли от России! Смотрим на цены в ресторанах доставки и шок испытываем — живя в России, только и надо, что зарабатывать и тратить на еду. У нас тут долларов 300 на еду, так это весь месяц в местных ресторанах питаться раза три в день всякими деликатесами и вкусностями, и всегда иметь свежие овощи и фрукты к столу)))) А в России — это три-четыре похода в кафе и все... да, пожив в другой стране, в России интересны только люди, которых любишь и с которыми дружишь, а цены удручают и пугают... так уже отвыкли бежать за «золотым теленком»...

Полезная информация о Гоа

Posted on 13.06.2012 by Павел и Анастасия

Мы летели компанией Emirates. Билеты в общем надо искать в нескольких вариантах, которые хотите, обязательно виза нужна в Индию, мы ее делали в тур агентстве на полгода, но с ними лучше проконсультироваться на какие даты билеты, потому что виза чуть меньше чем полгода по факту и билеты раньше истечения визы нужны, так как этого не знали -пришлось переплатить при переносе дат билетов. Жилье тут по факту обычно ищут, либо смотрят информацию на сайтах (но там обычно с посредническими услугами) - можно снять гест на 2-3 дня и помотаться поискать варианты от хозяев, если хотите надолго и по разумной цене от хозяина: для этого снимают байк, скутер и ездят опрашивают индусов во всех городках. И выучите хорошенько английский — он тут пригодится (тут он чаще не чистый английский, а индо-хинди английский, но через пару недель к этому привыкаешь и понимаешь все). Еще есть очень информативный форум о Гоа ogoa.ru - там многое и про жилье и про все интересующие вопросы можете узнать, советую изучать его тщательно, только всему слепо не верить, выбирайте, что важно и нужно вам, анализируйте и на своем опыте и практике уже проверяйте. И еще – первое время после России поражает и удивляет свежесть и вкус продуктов – они натуральные, по началу не верится. Что они такие вкусные!! Лететь в Гоа можно хоть откуда – лучше — дешевле лететь из Москвы и до Дели, а оттуда поездом в Гоа, гораздо выгоднее получается, в поездах Индии всегда есть туристическая квота для иностранных граждан, сайт железных дорог Индии http://www.indianrail.gov.in/ на нем можно все узнать и даже заказать заранее билеты!!!

По индийским железным дорогам — могу сказать Российские ЖД даже рядом не стояли — тут такие дешевые цены на еду 5-10 рупий и в вагоне постоянно разносят все весьма недорогое и очень вкусное – еда, холодные напитки, ласси (индийский снежок), томатный супчик вкусный, котлеты вегетарианские очень вкусные, самосы (пирожки), тали (рис с закусками), бирьяни (плов) – в общем все изобилие индийской еды можно отведать здесь причем хорошего качества, свежее, вкусное и очень дешевое! Единственный шок для туриста (у меня такое было в первый раз в индийском поезде, когда мы только приехали в Индию) – это изобилие индийцев, полки в купе по 3 с каждой стороны и купе – это обычный плацкарт фактически, то есть вас сидит 6 человек и боковых еще двое поблизости, но так как Индия – вообще своеобразная страна, очень часто есть люди, которые тоже сидят рядом с вами, хотя у них вроде как есть место, а вроде как нет – это возможно благодаря вэйт-листу Индии, то есть продают билетов больше, чем есть по факту и тебе за обычную цену продают билет, где написано, что ты в вэйт-листе и твой номер в нем и в день отъезда тебе сообщат – подтвердился твой билет в вэйт-листе или нет. Чаще практика показывает, что все билеты подтверждаются, но когда залазишь в свой вагон – не факт. Что твое место проводником уже не продано кому-то другому)) Это же Индия)) Это неисправимо, поэтому чтобы быть точно уверенным, что поедешь в комфорте и со своим местом – лучше купить билеты по туристической квоте для иностранных граждан, иначе есть вероятность, что еще бакшиш или чаевые проводник потребует с вас, чтобы он вас из вагона не выгнал - такая практика встречается и даже полиция вам не поможет.   И еще из личного опыта — выбор класса вагона: если в России все более понятно и плацкарт по комфортности не слишком отличается от других вагонов. То в Индии дела обстоят иначе – есть 1) General class индийского поезда, ездили до соседнего городка билеты купить на выезд в Дели, туда в Маргао ехали вообще в полупустом вагоне и при этом бесплатно и с ветерком и вентилятором 40 минут, билеты купили быстро. На станции поезда все вкусно и недорого, впервые масала-чай за 5 рупий попили и странно приготовленные, но вкусные блюда поели. А вот обратно ехали тоже в бесплатном вагоне — и видели впервые, как еще на ходу индусы начинают в него запрыгивать, хотя мест хватило всем, но все зачем-то в него торопятся))) В этом классе можно ехать и бесплатно совершенно даже всю дорогу, там чаще всего не проверяют, поэтому поедете бесплатно, но очень экстремально – места там только сидячие, то есть если от Дели до Гоа самый быстрый вариант поезда 1,5 дня, то вам придется привыкнуть к сидячему образу жизни и дискомфорту и как потом позже поняли, на каждой станции там набивается все больше и больше индусов, то есть через 2-3 станции на длинное расстояние этот вагон полон, как автобус в час пик, то есть там и стоять будут многие и сидеть-лежать на вас, в общем это вариант для любителей реального экстрима и истинного колорита Индии – вот тут то индусов особенно бедный класс можно рассмотреть в совершенстве всех деталей и подробностей, по нашему мнению на 1-2 остановки – это даже прикольно и интересно, а на дольше…. На любителя!!! 2) слиппер – класс, на нем ехали из Гоа в Дели 1,5 суток, стоит 520 рупий на человека = 10,4$, на окнах нет стекол только решетки, то есть все охлаждение происходит естественным образом с улицы и на потолке несколько вентиляторов, по началу нас это удивило и заинтересовало и порадовала цена и мы поехали этим классом, разочарование наступило часу на втором езды – по пути следования очень много тоннелей, соответственно звук в тоннеле адски громкий и это все ты слышишь и видишь без стекол – реально громко, по барабанным перепонкам бьет сильно, и в тоннеле особо неприятный запах подземелья (тоннели в естественных природных скалах проложены) даже по ощущениям явная нехватка кислорода и свежего воздуха, а тоннели порой бывают весьма длинные, ну и конечно этот бешеный звук и запах (особенно с улицы он порой бывает и запахом помоев и священных коров и их фекалий) – в общем один вопрос – кажется перепутано название вагона, слиппер – от слова спать, но тут…. Спать можно чего-то напившись или под мощным снотворным, то есть вся атмосфера сна не предполагала. Да еще и куча индусов кругом, кто особо не хочет свою полку раскладывать и ложиться, а все сидят, жуют, общаются, носятся по вагону – в общем чехарда наяву!! Ночью спать было прохладно и в какие-то моменты даже холодно, и еще не обольщайтесь – никто вам тут белье или матрас или одеяло не предложит, спишь как придется, индусы прям без всяких комплексов и сомнений на полке без подкладывания чего-либо, то есть как сидели, тут же легли и спят!! И еще – наша езда в этом вагоне была в начале июня когда уже жара весьма адская, это стало понятно и ощутимо на второй день езды – к 11 утра наш вагон от езды под открытым солнцем нагрелся просто безумно, теперь из открытых окон поступал только обжигающе-горячий воздух и прохлада и свежесть стали просто мифом, жарко было просто невыносимо и отовсюду припекало солнце не по-детски… в общем, кому хочется сэкономить и не сильно важен комфорт, добро пожаловать в слиппер клаас!!

3) самые удобные В и А классы – там на окнах стекла и в вагоне постоянное кондиционирование, индусов также по 6 человек и по двое на боковых, но индусы едут уже более состоятельные и не особо общительные, цены в нем подороже, обслуживание лучше, ехать легче по жаркой Индии.

Ну а в принципе — выбирайте то, что удобнее вам, вы же едете за впечатлениями и для каждого они индивидуальны! Национального колорита много.

Еда в Гоа разная — надолго если приезжаете, то лучше дом или полдома или квартиру с кухней снимать, так как рестораны на любителя: те, которые дорогие и вдоль линии моря — там можно и не сильно спайси-острую еду найти, а вот если и впрямь хотите попробовать национальную и недорогую еду — она тут есть, есть потрясающее вегетарианское кафе в небольшом городке Мапса в Гоа кафе называется Ашок — там вкусно, дешево, вегетарианское все есть из национальной кухни, но некоторые блюда бывают очень острые, а некоторые очень вкусняцкие; еще для любителей мяса — на третий месяц там же в Мапсе неожиданно нашли на самом маркете кафе Ксавьер – просто суперски мясо готовят и недорого (для Индии это редкость, так как в основном мясо тут либо не умеют готовить и не берутся за это дело, либо плохо готовят, либо готовят в адски остром соусе, чтобы улучшить и убрать бактерии). В Мапсе находится маркет, там куча на выбор фруктов и овощей, любой еды, мяса (очень свежее, но единственное не советуем мясо буйвола – один раз купили, долго варили и грызли с огромным трудом, как будто буйвол уже стал одним сплошным мускулом от безумной жизни и огрубел во всех местах) особенно если на неделю закупать — можно найти все свежайшее и недорого!!! И еще — в Гоа обязательно нужен байк, расстояния большие и передвигаться без него нереально, в сезон его цена обычно от 5000 рупий в месяц = 100$. Еще есть супермаркеты, где можно всем закупаться – они есть везде, особенно крупные в Анджуне и Кандолиме. Жилье дешевое и хорошее можно найти в Арамболе, Вагаторе, Морджиме, Анжуне недалеко от моря, В Сиолиме есть жилье, но от моря значительно дальше.

Самые туристические и более дорогие места и ресторанчики находятся в Кандолиме и Калангуте, но зато там есть супермаркеты, где есть абсолютно все для русского и европейского человека, не особенно желающего есть и использовать много индийского колорита — там все по европейским стандартам и на удивление для всей Индии – быстрое обслуживание. Вот такая информация о Гоа, надеюсь, она вам оказалась полезно – если еще что-то не осветили, спрашивайте в комментариях – напишем дополнения!!

А вообще Гоа – несмотря на все особенности страны и самого штата и его жителей – место волшебное!! Материализация желаний тут быстрая, ощущение умиротворения, покоя и гармонии приходит невероятно глубокое, море красивое и успокаивающее и люди в большинстве своем – очень приветливые, радостные, приятные и в рядах русских и украинцев не пафосных – видела объединение с первой встречи, как будто знакомы давно и вот наконец-то тут встретились. С очень многими приятно общаться и дружить, многие разбираются в себе в своих отношениях и осознают, что все вокруг – это личная ответственность твоя и не перекладывают на обстоятельства или страну или правительство, как это принято в России, а создают комфорт в своей жизни своими мыслями, действиями, результатами, анализом и трансформации себя любимого!! И тут многие осознают, что есть любовь к себе, именно ЛЮди БОга Ведают в самом себе. А не во внешнем мире, и живут в комфорте со своей душой, радости и принятии всего, что предоставляет жизнь, не бегут за «золотым теленком» слепо и не живут только ради денег, при этом не отрицают ничего материального и принимают возможности, которые комфортны их душе, и используют их!! На удивление – даже если особо нет работы стабильной, деньги приходят всегда законными комфортными путями – притягиваются возможности!! Но не у тех, кто сидит и ничего не делает, а у тех, кто осознает, что все зависит от него, и продолжает учиться, познавать себя и мир и создавать результаты и реализовывать новые возможности!!! Гоа – это место надолго комфортное для тех, кто изучает себя, кто на пути духовности и кто готов рисковать и делает это постоянно, кто ЖИВ сердцем И ДУШОЙ и способен мечтать о чудесном и верит волшебство, зная что истинный волшебник, автор и создатель своей прекрасной жизни – ОН САМ!!!

(информация в основном о северном Гоа, так как жили именно там. В Южном Гоа были, нам там не особо понравилось)

Как мы решились уехать в другую страну: Анастасия Шпуленко – Гультяева

Posted on 17.06.2012 by Павел и Анастасия

Вообще сказать, что мы просто взяли и переехали ни с того ни с сего – это ложь, трансформация и качественное изменение своей жизни – это всегда путь!! Мой путь начался лет пять назад. Тогда я училась на 5 курсе ТюмГасу и уже подрабатывала в ООО «Рушина –Тюмень» и уже был опыт и небольшая известность по городу Тюмени меня в качестве тамады. На тот момент вариант жизни был предопределен, работала в этой фирме я менеджером по персоналу, зарплата была стабильно около 15000 рублей в месяц, со мной рядом был не любимый, но надежный мужчина, который был взрослее меня, обожал меня и готов был обеспечивать всем. Ради удовольствия иногда проводила свадьбы, но расценки тогда были в моих услугах на них низкие, так как финансово была стабильна благодаря тому мужчине и особо не нуждалась в деньгах, в перспективах была должность Директор по персоналу с полным рабочим днем и стабильной зарплатой от 25000 рублей в месяц, по началу на 5 курсе – это было просто идеально, благодаря тому месту работы я много обучалась, посещала тренинги в Тюмени и в Москве, читала много книг сначала по управлению персоналом, потом по технологиям продаж, по мотивации. Даже начала проводить тренинги в своей фирме и все казалось так хорошо и стабильно и с ясными перспективами, но прошел год, на руках красный диплом, стабильная работа, ненависть сотрудников, так как перестройка той фирмы была глобальной и совершенно никакой любви… стабильность, внешне все прекрасно, но как сейчас осознаю и понимаю – я была совершенно мертвый социальный биоробот тогда!! Я думала только о материальном и ни о какой душе и просто жила, как принято обществом, как все живут – не особо любимая работа, но зато стабильная, не на любви и безумстве страсти основанные отношения, но зато надежные и меня холят и лелеят как ребенка, нет ощущения свободы, но зато материальные блага все есть и нечего вроде и желать, нет риска в жизни – а зачем он?? Тут ведь все так привычно, «насиженное место», зачем это менять, ведь все как у нормальных людей!!! Но все-таки душа моя не умерла. Она просто глубоко спала и вот – начала просыпаться. Сначала яркое впечатление на меня произвели тренинги корпорации «Бизнес – мастер СНГ» я еще тогда не совсем понимала все, что они говорят, да и слишком много пафоса и цинизма они закладывали в свое учение, лишь сейчас понимаю, что многое у них было именно о душе и о бытие, Антонио Менегетти много грамотных мыслей и книг произвел, но слишком он наворочил свою онтопсихологию, слишком много умных фраз придумал, слишком завысил значение снов и слишком мало говорил об интуиции и способах как ее услышать. Но на тот момент это было началом моего пробуждения!! Затем через какое-то время после долгих уговоров многих знакомых я наконец решилась и съездила в Пермь на свой первый основной курс к Оксане Мальцевой. Сделала много открытий для себя, начала больше слушать душу, но тогда еще к этому не была окончательно готова, поэтому прошла только ОК (Основной Курс), а ПК (Продвинутый Курс) и ЛП (Лидерская Программа) решила оставить на потом – сейчас абсолютно уверена, это верное решение, надо слушать себя в первую очередь) Но там на тренинге вспомнила свою детскую мечту – уж очень всегда я мечтала встретить принца на белом коне, с которым будем комфортно совместно развиваться, радоваться и любить друг друга всю жизнь и умрем вместе и одновременно!! И вот полгода после тренинга жила я, некоторые вещи начали слегка во мне меняться, стала больше работать на свадьбах и вот тут настал момент выбора – было лето июль месяц и было много свадеб и я стала брать много заказов, а на основной работе тоже было много дел и если до этого момента начальник разрешал даже встречи с молодоженами проводить на рабочем месте и потом дольше оставаться и отрабатывать, завершать все дела, то неожиданно все поменялось и встал выбор – либо свобода во времени и не стабильность заработка и риск, но при этом любимая работа на свадьбах и других банкетах (тогда я просто обожала эту профессию, это было интересно, придумывала много нового, новые костюмы и образы), то есть был самый процесс становления и удовольствия от профессии, либо стабильный рост в должность Директора по персоналу (в этой профессии мне больше всего нравилось проводить тренинги и вдохновлять людей, а все остальные функции уже поднадоели). И вот в этот момент Вселенная мне подкинула самое большое испытание и самый большой урок в жизни – Сергея, познакомились мы с ним по свадьбам – он недорого и по отзывам очень качественно работал музыкантом на свадьбах, познакомила нас моя подруга – тамада Люба и сразу предупредила, что он молодой и явный бабник, но моему истосковавшемуся по любви сердцу тогда было плевать. Понравился он мне с первой минуты, влюбилась как кошка без оглядки, готова была ради него на все – если бы еще год назад писала эту историю, то описывала бы только Сережу, а сейчас могу точно сказать – ему благодарна очень-очень, он мне открыл глаза на многое и стал огромным пинком в духовном и профессиональном моем росте и в укреплении моей уверенности в себе, но на тот момент я не разделяла и не осознавала, что есть люди, с которыми нам суждено двигаться по жизни, духовно расти, развиваться, совершенствоваться в любви и гармонии и жить вместе даже – таков мой Паша и это истинные взаимные отношения и это есть любовь и поддержка, а есть те люди, кто предназначен нам на время – чтобы даже через боль, обиды, страдания, несбывшиеся надежды поддержать нас в осознании самих себя и в познании самих и они нам не предназначены навсегда и порой на них обижаешься и даже в какие-то моменты ненавидишь, но в итоге четко осознаешь и понимаешь – все, что было с ними – привело к лучшему – таким был для меня Сережа, через мою глупую привязку к нему, через то, чему он меня учил, как он помог прекратить веру в экстрасенсов и показал, что именно я сама все вокруг и создаю своими мыслями – я ему очень благодарна, это было замечательно, даже порой несмотря на то, что больно и обидно, но только благодаря тому дискомфорту я поняла и ощутила, насколько я тогда сильно не любила себя, была неуверенна в себе и конечно же искренне не могла никого другого полюбить – могла только привязаться исходя из жалости и страха быть одной. Так, как делали женщины в моей семье и эту модель я неосознанно повторяла (осознав ее при помощи расстановок по Хелингеру, приняла это , проплакалась, простила, отпустила и начала свою жизнь строить по-другому). Согласна с Булгаковым: «Как мы можем познать свет, не познав, что есть тень?!» Те отношения привели ко многим прозрениям и осознаниям единственное – не надо их было путать с любовью. Просто помните – все отношения, люди, ситуации, которые случаются с нами – они к лучшему и даны нам для опыта и пробуждения и осознания себя через извлечение уроков, и они не всегда комфортны и даже по началу могут быть оценены нашим умом как негатив, но это заблуждение. Многие бояться болезней и тем самым притягивают их к себе и потом начинают лечиться таблетками, хотя уже научно доказано, что наш мозг не отличает реальности от мечты и порой безумно поверив в мечту и начав жить в мечте – человек сам не замечает, как наяву в этой мечте и оказывается. Мы есть то, что представляют наши мысли – Фильм «Секрет», «Вода», у Вадима Зеланда об этом очень много и хорошо сказано.

Болезни тоже даны нам как дар свыше, чтобы остановиться и послушать и понять свое тело, к чему оно призывает, в чем надо разобраться в мыслях и что изменить, чтобы самостоятельно вылечить себя без всяких медикаментов (мой личный опыт – по - женски разобрала все обиды и ненависть не только этой жизни, но и прошлых, друг вылечился сам от рака лимфы – более подробно могу в личку дать координаты друга и можете удостовериться и узнать, как он смог) – один из таких путей книга Лиз Бурбо «Слушай свое тело»

В общем те отношения складывались тяжело, с кучей моих обид и скандалов – в итоге эти отношения привели к тому, что основную работу менеджером по персоналу я оставила и стала работать тамадой, а Сергей музыкантом – за год мы раскрутились и стали известны больше, чем за предыдущие годы работы в этой профессии, о нас заговорил весь город, заказы потекли рекой, порой мы работали просто без выходных, но личные отношения только ухудшались – однажды на одной из свадеб было очень сложно и публика тяжелая на раскачку и никакой поддержки от Сергея, в общем явно пора было что-то осознать и поменять… Наплакавшись вдоволь после свадьбы дома в одиночку, с утра созвонилась с Сергеем – предложила ему съездить в Украину к маме на пару недель, а самой пожить у него, так как у него был безлимитный интернет и по ощущениям был необходим (у меня тогда только появилась квартира при поддержке мамы и моими собственными силами и ремонт еще в ней продолжался). Сергей уехал, я зарегистрировалась тогда наконец-то в контакте, начала активно рекламировать наши свадьбы к сезону (на дворе был март месяц – подготовка к летнему сезону) и натолкнулась снова на тренинг личностного роста. Поразмыслила недельку и, не пользуясь никакими скидками и супер-предложениями, пришла на Основной курс в тренинговый центр «Вдохновение», тренера обещали Оксану Мальцеву, я по опыту знала, что тренинг эффективен и по ощущениям понимала, что самое время мне его пройти!!! Зашла в зал основного курса в назначенный день, сначала был шок и возмущение, что тренер совершенно другой человек, но преодолев это и сейчас четко зная и понимая, что случайностей не бывает – благодарна тренеру Эдгару Новопашину, уже после первых двух часов тренинга я точно понимала, что и на сложный и порой болезненный второй этап тренинга Продвинутый курс – я пойду именно к нему!!!

Потому что Оксана Мальцева как-то нежно по-женски говорит про ответственность, а вот Эдгар по-мужски порой очень жестко, отжимая все больные кнопки и ориентируя обращаться вглубь себя, трансформировать свои мысли, установки и понятия о мире, а не сетовать на внешний мир – проревелась я безумно, три дня, благодаря которым отпустила многие свои обиды в том числе на Сергея, на маму, на людей, кто причинял боль (естественно сейчас прекрасно осознаю, потому что я подсознательно этого хотела и позволяла это окружающим). В первый же день тренинга начались изменения во внешнем мире – молодожены просто звонить начали как прорвавшись из рога изобилия, в перерывы и вечером всем отвечала и перезванивала, а цену за свадьбу называла на наши услуги в два раза больше, чем обычно (приняла решение во время тренинга, что лучше меньше заказов, но качественнее и дороже, чтобы так как раньше физически и морально не выматываться) – самое удивительное для меня никого эта цена не удивляла и не отпугивала и все молодожены общались со мной как с истинным профессионалом и известной в городе ведущей. В итоге после тренинга на неделе встретилась со всеми парами, кто звонил, и абсолютно все заказали наши услуги на лето и внесли предоплаты!!! И сейчас до сих пор однозначно замечая – разбирая, расплетая свои заморочки и установки при помощи тренингов, книг, фильмов, коучинга, самостоятельно – в общем любым способом – в жизни появляется больше комфорта и изобилия материального и духовного!!! На третий день тренинга вообще случилось удивительное)) за время тренинга я осознала, что за год наших непонятных отношений с Сергеем он ни разу не спросил первым: «Как мои дела? Что у меня нового?» всегда инициатором была я, всегда о нем матерински заботилась, забывая о себе, и я поняла, что быть мамочкой пора прекращать, я красивая, мудрая женщина и никому ничем не обязана!!! На третий день тренинга он мне начал писать в аське (до этого три недели молчал и я не знала, что там с ним в Украине), расспрашивал где я, почему ему не пишу и не появился ли у меня другой (хотя до этого утверждал, что и отношений у нас с ним нет). Он приехал на следующей после тренинга недели и обалдел, когда отдала ему предоплату за летний заказ в 2 раза больше, ему рассказала про тренинг и он записался и прошел его следом за мной. Даже отношения на некоторое время улучшились, но тогда я не слушала ни тренеров, ни окружающих и слепо верила, что это отношения на всю жизнь, не желая доверить Вселенной и увидеть очевидных знаков – таков мой жизненный урок и опыт. Во время Продвинутого курса ко мне пришло еще больше открытий и осознаний про бизнес (ну и конечно, про себя много узнала и многое начала трансформировать) и мне многое подсказал мой капитан на тот момент, который подсказал вовремя как уже начать передавать заказ другим ведущим, когда люди не могут позволить себе свадьбу с моими расценками или у меня дата занята, в итоге эта идея оказалась супер – через два года ее реализации я могла позволить себе проводить всего 1-2 дорогие свадьбы в Тюмени в месяц, а все остальное приносил мой бизнес – заказы ведущим, фотографам, видеооператорам, музыкантам с получением процента с заказа от них, заранее с ними оговоренного. И еще сразу после продвинутого курса сделала свою машину брендом узнаваемым с надписью супер – тамада, а потом чуть позже и раскрашенной!!

На лидерскую я идти не хотела (придумала себе в башке навязчивую идею, что пройдем с Сергеем вместе лидерскую), хорошо, что меня вовремя вовлекли и уговорили, а то бы я наверное не пережила на тот момент и не стала осознавать больше, особенно в отношениях, когда узнала, что Сергей начал жить с другой – потрясение было безумное, он всегда утверждал, то ни с кем никогда жить не будет... Ладно хоть в лидерской были друзья и замечательная бадди Дашенька – очень поддержала и помогла))) Ну и конечно супер координатор нашей Лидерской программы ЛП-35 Сибирь «Радуга Жизни» Леночка Ширыкалова — женщина, которая открыла для меня много новинок про отношения мужчины и женщины, про отличие мужчин от нас по психологии, как мужчина ощущает и осознает мир (!!!вот чему надо в школе и ВУЗе обучать, а не всякой ерунде, которая потом в жизни не пригождается) и конечно же ее тренинг «Денежный поток» просто открыл глаза на психологию, философию изобилия, что такое деньги, как их притягивать легко, соотношение энергий в деньгах – в общем огромная куча полезных и нужных открытий и осознаний и качественная трансформация своей жизни благодаря ей!! Леночка, я тебя просто обожаю, я тебе очень благодарна!!! Ты истинное солнышко!!

За время лидерской притянулось много позитивных людей, всем вам от души благодарна – много осознаний и открытий вы мне помогли сделать в жизни, да и я вам))) После лидерской притяжение продолжается позитива и до сих пор, тогда, проходя тренинг, я даже себе и в мыслях не могла представить, что смогу жить как сейчас – путешествовать с любимым мужем, жить в комфорте и изобилии и что будут постоянно новые интересные вещи в нашей жизни происходить и мы будем писать этот блог))) Тогда я даже не могла представить, что и впрямь настолько казавшееся для меня огромным, станет сейчас столь понятным и привычным и я благодарна тренингу и всем тренерам и всем «лидерам» за то, что есть этот первый и столь ярко трансформирующий жизнь шаг, повышающий уверенность в себе и поддерживающий в скором достижении своих целей!!! Всем советую тренинг пройти обязательно – свои открытия и осознания пройдете быстро, качественно, интересно и поменяете свою жизнь в позитивную сторону!!! И очень хочу, чтобы наконец-то все близкое окружение тренинг прошли!!! Чтобы мы с вами уже были на одной волне осознания и вы приняли то, что наш путь жизненный отличен от вашего!!!

Так в течение трех лет я жила, трансформировала свою реальную жизнь, периодически посещала тренинги, капитанила в тренингах личностного роста, разбиралась в себе. Яркое впечатление произвел на меня очень расслабляющий, трехдневный и почти курортный тренинг Интимная мастерская» Ольги Батум Шуваловой — Оля, ты женщина, поразившая меня до глубины души – гармоничная, мудрая и самодостаточная!! Многое от тебя узнала по коучингу, все это применяю и углубляю знания и очень многое по тантрическим практикам, медитациям, легко применимым в повседневной жизни, взаимоотношениям мужчины и женщины, как отношения сделать гармоничными и именно благодаря твоему тренингу навизуализировала себе такого прекрасного мужа, прямо как в той песне, под которую «прорывалась» на тренинге – все в точь-в-точь сошлось и наяву он даже лучше, чем я ожидала)) И благодарна, что он у тебя проходил свой Продвинутый курс – я увидела, сколь много он тогда осознал и как качественно повзрослел благодаря тебе и твоим тренировкам!!

И еще в Тюмени сходила на тантрические практики, семейные расстановки по Хелингеру, получила санъясовское имя, много осознаний и открытий у Лены Алякиной, познакомилась со многими интересными людьми, и совместно делали проект «Живая еда или Вкус Жизни» — очень тебе Лена благодарны.

И еще очень радостно и легко у меня прошли курсы лечебного голодания и вообще очищения организма и ума, курсы были с позитивом, медитациями и кучей открытий, их проводила Юлия Лебедева.

Ну и конечно особая благодарность моему другу, коллеге и прекрасному наставнику Владимиру Пирожке - благодарю, что в момент моего полного пробуждения и осознания, кто я и где и зачем здесь – ты был рядом, выслушал, поддержал, объяснил, что непонятно))) Я наконец-то благодаря общению с тобой осознала, что я истинная Богиня, благодарю, что помог доотпустить ситуацию с привязкой к отношениям с Сергеем Мышаковым, смог меня наконец-то убедить внимательно присмотреться и осознать, что те отношения были только для духовного роста, прозрений и открытий и то в моей жизни появится тот мужчина, которого я так ждала долго. Ты меня научил ставить цели именно прописывая конкретику ощущений от реализации этих целей, что я буду чувствовать, когда эта цель сбудется и осознавать, что только при реализации истинных целей я буду ощущать радость, гармонию комфорт, любовь, а остальные цели, которые мне дают только беспокойство – это социальная шелуха и ерунда, навязанная нашему уму обществом, чтобы не быть не хуже других... Ты прав – закон комфорта работает на 10000 % и благодарю за наш проект «Живая еда или Вкус Жизни», который мы начали совместно и благодаря которому жизнь каждого из нас качественно улучшилась!!! Много открытий и уроков тогда извлекли!!! Ты сейчас занимаешься любимым делом в Питере, люди тянутся к тебе на тренинги и я очень рада, что ты нашел себя в том, что хотел и тебе комфортно, а я тогда 19 июня наконец пришла в принятие на первую выездную «Живую еду» приехал мой любимый Пашка и ты помог мне ему многое объяснить и быстро его привезти в осознанность и пробуждение))) Благодарю!!! Ты супер!! Пусть все будет так, как ты захочешь!!!

Ну и конечно отдельная самая главная благодарность – это тебе Пашуля!! Ты мой единственный неповторимый любимый мужчина!!! Я тебя очень ждала и очень люблю и рада, что каждый день мы засыпаем и просыпаемся вместе, что понимаем друг друга мгновенно и даже уже телепатически начали общаться и слышать друг друга!! Ты мое сокровище, моя радость и моя любовь!!! Каждый день ты меня радуешь, понимаешь и поддерживаешь все больше!! Ты моя любовь!! И именно благодаря тебе мне не страшно путешествовать и открывать мир заново, ты моя уверенность в себе!!! Я люблю тебя всем сердцем, мой родной, любимый муж и с каждым днем все крепче и сильнее!!

Многие спрашивают, как мы решились уехать??? Однозначно могу сказать – пройдя этот свой путь много осознала и поняла и еще есть что познать)) и главное, когда в 25 лет у тебя уже есть своя квартира, машина и свой бизнес и все успешно и даже есть муж очень любимый и все внешне комфортно и все есть для жизни, но бывает моменты, когда тебе нечего новое вспомнить, нечем поделиться с миром и рассказать, потому что хоть и комфортно и привычно и изобильно, но нет новых ощущений и открытий – ответ один: Пора что-то кардинально менять, отбросив все страхи и сомнения!!! Таким ярким изменением стал наши переезд в Гоа на полгода, здесь нашли и новых друзей и кучу впечатлений и открытий, и реализацию в новом – Паша занялся профессионально фотографией, создаем и раскручиваем сайт, ведем свой блог, проводим свадьбы в Гоа (это еще отдельно опишу – очень люблю это дело!!!), участвуем в шутингах –снимаемся в Болливудском кино и клипах (тоже подробнее с фото и впечатлениями опишу), работаем переводчиками, продаем товары из Индии, проводим коуч-сессии и чакральный массаж, монтируем видео, и познаем новое и интересное, получаем новую необходимую информацию, знания и навыки))) впереди перспектива поездки в Тайланд, а после Тайланда в Гоа на полгода с октября по март, а затем с друзьями в Камбоджу, а уж там дальше и определимся с планами)) Так что конец чего-то привычного – это начало нового и комфортного!!! Отбросьте все страхи и вперед к открытиям и осознаниям!!! Точно могу сказать – путешествия расширяют кругозор, дают новые открытия и впечатления о себе и мире и гораздо больше осознаний, чем сидение на одном месте!!! Изменения всегда позитивны и необходимы!!! Если вам скучно и привычно в том, где вы сейчас находитесь и нет новых открытий – меняйте это смело!! Все всегда к лучшему!!! Любви и осознанности вам и мира!!

Как мы добирались до Дарамсалы.

Posted on 17.06.2012 by Павел и Анастасия

Желание поехать в Дарамсалу родилось, когда мы еще были в Гоа - нарастала жара, сезон закончился, нам становилось скучно, да и душа требовала разнообразия - мы в Индии! Не жить же все время в одном Гоа! О том, как мы жили в Гоа, можно прочитать в статье «Полезная информация о Гоа». Обшарив интернет, прочитав кучу отзывов о Дарамсале, в наших головах сложилось представление, что там на каждом шагу гестхаусы по 150-200 рупий в день, вообще все прекрасно и летом не жарко. Вдохновившись и воодушевившись, мы запланировали поездку на конец мая с посещением Дели.

О наших первых приключениях в Дели можно прочитать в статье «Мы в Индии»

Во второй раз посетив Дели, мы три дня прожили в комнате без окон, с вентилятором, с туалетом и душевой за 450 рупий в день. При этом практически не ели и не спали – очень жаркий и душный город, питались только ледяной водой с лимоном. Да еще в метро в безумной толкучке у нас вытащили кошелек с деньгами и банковскими картами, и мы остались практически со 100$ на руках. Благо, существование Western Union немного обогатило наше финансовое положение.

В очередной раз потрепав наши нервы и деньги, город Дели вынудил нас искать наиболее экономный вариант транспортировки нас в горную Дарамсалу. Почитав форумы и поспрашивав туристические лавки, мы решили, что поедем на обычном государственном автобусе. Вариантов добраться до Дарамсалы было несколько:

1. На поезде до Патанкота (билет 500 рупий на человека слиппер классом), а оттуда 86 км до Дарамсалы автобусом
2. Люксовым автобусом с откидными спинками и подъемными ножками, с кондиционером и туалетом (1100-1200 рупий за место)
3. Просто комфортным автобусом без кондиционера и туалета с откидными спинками (550-800 рупий за место – в разных конторах разные цены на одно и то же)
4. Государственный автобус. Без изысков. 435 рупий за место.

Жребий брошен, и мы отправились на поиски билетов, так как на знаменитом Мейн Базаре (Pahar Ganj) туристические лавки гос.автобусов не предлагают. На форуме indostan.ru мы разузнали, что таковые можно найти в делийском автовокзале, в сторону которого мы и отправились. Для начала мы сели на станцию метро New Delhi, что в 10 минутах пешком от Мейн Базар и отправились к станции Кашмири Гейт (Kashmere Gate). Жетон в одну сторону стоит 10 рупий. Выйдя на нужной станции, направились наверх к выходу №7 (gate №7) – он ближе всего расположен к автовокзалу, там же расположен Макдональдс, где можно отведать индийских бургеров, а напротив – платный туалет.

Заметка из вконтакте: «Сегодня отведали индийский макдональдс — впечатлений куча)) много всего своеобразного, необычного и вкусного, естественно из мяса только все с курицей, но очень вкусно и остренько приятно)) цены приятно поразили в 2-2,5 раза ниже чем в России и мороженое вкусное в рожке всего 10 рупий = 6 рублей по русским деньгам!! вкуснятина, ням-ням!! Ну конечно местные особенности — гамбургеры с жареным сыром панир — куча вариаций и картошку фри можно специальными приправами острее сделать)) экзотика и колорит Индии во всем!!»

При выходе из gate №7 прямо по правой стороне в 10 метрах стоит большое серое здание – это и есть автовокзал (Bus Station ISTB). На первом пустынном этаже отыскали контору, обозначенную как HRTC – она обеспечивает автобусами до Дарамсалы и различных городов штата Химачал Прадеш (Himachal Pradesh). Простояли очередь и заказали билеты на завтрашний день. Автобусы ходят ежедневно, поэтому проблем с местами никаких нет.

Автобус за 435 рупий

На следующий день мы нашли наш автобус, сели в него, когда было на часах около 17.00. В сам автобус, помимо пассажиров, заходили различные торговцы: кто-то предлагал соковыживалку на пальце, кто-то вееры, предлагали чипсы и охлажденную воду. Самый забавный– это трансвестит в индийской одежде (они также частые попрошайки в Гоа в городке Мапса), они ходят и просто просят в наглую – по мнению индусов они уже какие-то просвященные-посвященные и многие им подают, потому что бояться их проклятия!!! В нашем автобусе он особо впечатления ни на кого не произвел и особо денег не собрал – вышел из автобуса, как истинно обиженная женщина встряхнул волосами и удалился недовольный))) Смотреть на это смешно и странно.

Так как автобус индийский и за места особо никто не переживает, то мы сели на самые задние сидения – там удобно было сложить наш большой рюкзак, да и можно было ноги протянуть – комфортный плюс, по сравнению с другими местами. Заметили, что многие индусы оплачивают свое место кондуктору по факту, сразу в автобусе – быть может, можно было и не стоять очередь за билетами, а просто придти, сесть и оплатить. Да и еще по факту оплата слегка дешевле выходит, вот они экономят несколько рупий – но при этом, если на другой станции сядет кто-то, кто оплатил полный билет за свое место, то товарищу, оплатившему чуток меньше, придется ехать стоя!

Ну всё, автобус поехал, мы с облегчением вздохнули: наконец-то покидаем душный Дели и едем в свежую Дарамсалу. И вечер выдался приятный пасмурный. Из открытых окон автобуса дул приятный ветер. При выезде из Дели мы поразились непонятной предприимчивости индусов: к нам в автобус зашел человек и начал рекламировать путеводители по Дели! Мы так и не поняли, зачем эта продукция людям, которые из этого города выезжают. Причем рекламировал он с большим энтузиазмом, при этом никто не купил, но рассказывал нам про этот журнал-путеводитель как об истиной ценности. Без которой нам просто такое ощущение, то даже в Дарамсале не обойтись))) Смешные и парадоксальные эти индусы)) Наверное, есть спрос на такое предложение)).

Ощутив спокойствие и внутреннюю радость, что так хорошо все сложилось – едем в Дарамсалу, автобус едет быстро, свежий ветер из окон, ноги вытянуты, никто из индусов не пристает, мы в поднятом настроении духа предвкушали, как же хорошо нам будет в свежей и горной стране. Даже то, что, не снижая скорости, водитель ехал по лежачим полицейским, и нас подбрасывало практически до потолка, только веселило и подбадривало.

Все шло на удивление хорошо: до Дарамсалы ехать 12 часов, автобус останавливался на перекус и туалет, всё как надо, и ничего не предвещало разочарований. Уже стемнело, и автобус двигался все дальше и дальше к горам, и ветер, некогда прохладный, начал становиться холодным и очень холодным. И тут мы познали существенный недостаток задних сидений: форточки не закрываются! Укутавшись потеплее в полотенца и кофты, все равно холодно дуло. Плюс ко всему, водитель мчал автобус по ямам и лежачим полицейским, что никак не могло обеспечить более-менее комфортного сна.

Настроение неизбежно падало, даже глубокой ночью, кто-то выходил и заходил в автобус, для чего каждый раз включали общий свет, чтобы кондуктор все проверил и все рассчитал; между остановками автобус несся по всем неровностям дороги, нас подбрасывало на каждой кочке и яме, особенно неприятно было проезжать по тройным лежачим полицейским. А затем начались горные серпантины… Водитель и не думал притормаживать на крутых поворотах, и нас носило из стороны в сторону. Особенно когда он несся по тройным «лежачим полицейским» (их в Индии больше, чем одиночных) и при этом не скидывал скорость со 120 км в час ни на километрик))) и еще ближе к Дарамсале дорога стала горная по периметру горы постоянно вверх – ее преодолевали на такой же бешеной скорости. На таком автобусе могут только ездить спокойно индусы на своей карме, мы так слегка затаили дыхание от таких виражей! И так всю дорогу: холодный ветер, остановки со светом, бешеная скорость по выбоинам, полеты до потолка, мотание из стороны в сторону, да еще к нам подсел какой-то толстый индус, и стало очень тесно - этой ночью нам поспать не удалось.

Уже рассвело, мы, измотанные ночными виражами, смотрим в окно: рисовые поля, дома, нет магазинов, люди все чаще и чаще сходят с автобуса, времени 5 утра — до Дарамсалы еще час – Ура! И впереди виднелись снежные горы, очень непривычно и очень странно – такие величественные и такие неприступные и так близко к нам!!! Но при этом слегка пугающие своей неизвестностью…

Мы едем до конечной, и тот факт, что уже совсем скоро мы достигнем цели, немного приободрял, хотя желание отдохнуть было сильным. Чтобы окончательно взбодриться, Вселенная преподнесла нам еще одно потрясение —

в полупустой автобус внезапно забирается толпа местных деревенских индусов: кричащих, галдящих, громко разговаривающих, грязных, неприятно пахнущих, с детьми - весь автобус стал битком набитым ими — просто ужас! Наши глаза не сходили с наших вещей - после Дели доверие к индусам сильно пострадало.

Наконец-то конечная! Мы и все вещи целы. Погода ясная и теплая. Мы вышли на автобусной остановке - и еще одно потрясение – тут нет гестхаусов на каждом шагу! Картина мира в очередной раз рухнула. На часах седьмой час утра, мы уставшие и измотанные, на плечах большой и тяжелый багаж, и у нас нет жилья! Вокруг ни намека на гест! Задача на день определена - найти максимально комфортную и дешевую крышу над головой и как можно скорее. Еще пристал на остановке таксист, который обещал помочь и типа недорого, но он был накурен непонятно чем, и мы уже устали от риска и отказались.

Пробежавшись по округе, нашли несколько отелей. Разбуженные работники рецепшенов говорили, что все переполнено, либо 1000 рупий (600 рублей) в день номер – за что??? Поиски продолжались еще около получаса – на улицах единичные люди, никто не говорит по-английски, либо понятия не имеет, где здесь можно снять хотя бы комнату.

Как всегда Вселенная преподносит приятные и необходимые подарки, главное их увидеть и принять. На большом камне в такую рань сидел тибетец и читал англоязычную газету. На удивление он хорошо говорил по-английски и доброжелательно подсказал, объяснил, куда нам ехать и на чем. Наш путь теперь лежал в верхнюю Дарамсалу – МакЛод Гандж (McLeod Ganj). По его словам, там обилие гестов, можно снять байк-скутер, куча туристов, и вообще все для туристов. Он показал нам джип – что-то вроде местной маршрутки - на чем за 10 рупий (6 рублей) можно доехать до МакЛод Ганджа. Они как раз останавливаются на той автобусной остановке, где мы вышли. Мы закинули рюкзак на крышу и вместе с еще 12 людьми (хотя джип рассчитан на 9 пассажиров) в тесноте направились на поиски жилья. Путь составил 10 км по горным серпантинам вверх и полчаса времени, но нам после безумного автобуса уже плевать на такие условия – поскорее бы найти жилье, помыться и отдохнуть.

местные маршрутки — джипы

Джип высадил нас недалеко от центральной площади. Рядом с ней на длинной скамейке мы увидели индусов, тибетцев и буддийских монахов, облаченных в красные туники, пьющих чай и что-то кушавших. И, конечно, мы решили набраться сил и присоединиться к их чаепитию.

Чай тут отличается от индийского масала-чая – нет специй! После 4 месяцев поднадоевшей спайси-еды – это большое облегчение для организма. Про местную кухню можно почитать в статье «Заметки в Дарамсале«

чайные лавки — разливают горячий чай с молоком за 7 рупий (4 рубля) за стаканчик

В чайных лавочках мы встретили индуса на удивление приятной наружности и с хорошим знанием английского, у которого собственный гестхаус. Предложил цену 6000 рупий в месяц (200 рупий в день) за комнату – в принципе приемлемая стоимость. Я оставил Настю с вещами на скамейках и с индусом пошел смотреть апартаменты. За 6000 рупий (120$) в месяц он предлагал одну комнату с кроватью, кухню без ничего только с раковиной и совместную душевую и туалет. По сравнению с квартирой в Гоа, где мы жили, конечно, ни в какое сравнение не шло. Так как мы приехали в самый сезон, то гестхаус был полон, и освободится комната завтра-послезавтра. Ситуация хоть и проясняется, но все равно не айс. Индус предложил поискать в соседнем поселении – Багсу (Bhagsu), сказал, что там жилье дешевле и байк можно снять. Я побегал еще по гестхаусам МакЛод Ганджа, и пришел в шок от цен: 600, 700, 1000 рупий в сутки за комнату!!! Вернувшись к Насте, и проводив ее до кафе с Wi-Fi, я побрел в Багсу искать комфортное жилье по адекватной цене и байк.

По пути встретил двух русских ребят, которые сказали, что нашли жилье за 150 рупий (3$) в день! Правда это одна комната, и с общим туалетом и душевой на весь дом. Ладно, подумал я, как вариант можно пару дней там пожить, а потом найти жилье еще лучше. Вернувшись за Настей, мы вместе пошли до Багсу, правда, нагруженные рюкзаками, мы не могли быстро перемещаться. Поэтому Настя вновь осталась с вещи, но уже на камушках рядом с насосом-водокачкой.

В Багсу я не встретил ни одного человека, кто сдает байк, все предлагают съездить в МакЛод Гандж, гестхаусы нисколько не дешевле – минимум 350 рупий за сутки при проживании месяц!!! Тот гестхаус за 150 рупий я не нашел, хотя облазил всю Багсу и спросил у ребят, как до него добраться. Нашел что-то наподобие, но там все комнаты заняты.

Расстроенный отсутствием результата, я отправился в МакЛод Гандж на поиски байка, чтобы на нем добраться до нижней Дарамсалы и там найти адекватное жилье. И еще одно потрясение: в аренду скутеров никто не сдает! Только большие байки Hero Honda, Royal Enfield, Bajaj Pulsar, Yamaha минимум за 350 рупий в день при аренде месяц!!! Хотя много скутеров встречалось по пути, никто их не сдает в аренду. Да потом оказалось, что бензин тут дорогой – 75 рупий (1,5$) за литр, в Гоа – 55 рупий литр. По горам наверняка топливо быстрее тратится, чем в практически равнинном Гоа.

С момента нашего прибытия в Дарамсалу прошло часов шесть. Я, отчаянный прояснившейся ситуацией с жильем и байками, вернулся к Насте к насосу-водокачке. Там встретили четырех индусов. Они спросили, какие у нас проблемы. Мы, уже безнадежные, все им объяснили, и они решили нам помочь. Помогли донести наш багаж до их машины. Так как машина их уже была нагружена их вещами, то Настя снова осталась, уже в тенечке под крышей, со всеми рюкзаками, а я с индусами отправился в нижнюю Дарамсалу на поиски жилья.

Ребята оказались жителями Дели, приехали сюда на выходные развеяться. Конечно, после Дели волнительно было с ними ездить, но это только негативно интерпретированный прошлый опыт ума, внутри душевно было приятно и комфортно. Через час после исканий они помогли найти комнату с кухней и совместным туалетом и душевой за 2500 рупий (50$) в месяц!!! Правда, никакой мебели в комнате нет, и чтобы дойти до дома нужно 20 минут подниматься в гору, но для нас это и так приемлемый вариант.

Наш дом

Ребята из Дели нас очень удивили. Их поведение никак не похоже на поведение остальных индусов, которых мы встречали. Нет меркантильности, корысти, ощущается доброжелательность, дружеский настрой. Они согласились отвезти нас до дома, помогли донести наши вещи, дали нам время помыться, а потом пришли с кучей вкусной еды, пирожными, пивом. И ничего не попросили взамен или в благодарность! Помогли, накормили и напоили просто так! Мы очень благодарны им! До позднего вечера мы беседовали о индийских и русских традициях. И мы, и они узнали много нового.

Правда и в этой комфортно сложившейся ситуации произошло еще одно происшествие. Вселенная шутит – куда ж без потрясений! Ситуация, что индусы помогают иностранцам из чисто душевных побуждений, необычна и для самой Индии! К нам в комнату заходит хозяин дома, забирает водительские права у наших благодетелей. Отвозит их скопировать, вызывает полицию, чтобы они проверили ребят. Потому что часты ситуации, что индусы водятся с белыми, чтобы накурить местным гашишом, денег содрать, ограбить, изнасиловать, убить и т.д. Хозяин сказал, что недавно был случай, когда иностранцев убили в горах – поэтому он так беспокоится о нашей безопасности. Ладно, флаг ему в руки – один день только поприставал, а потом нас не беспокоил – хороший в этом плане хозяин.

Вот такие приключения. Сейчас живем за 2500 рупий с крышей над головой, спим на спальнике, другим укрываемся, все вещи на полу — познаем комфорт в таких условиях. Самое главное, никогда не сдаваться. Всегда есть лучший вариант выхода из любой сложной ситуации, необходимо лишь отпустить важность (отчаяние – это тоже отпускание важности). Все ситуации и уроки, с ними связанные, всегда приводят только к лучшему.

Стихия в Дарамсале

Posted on 27.06.2012 by Павел и Анастасия

23 июня 2012 года отправились мы покорять Снежный ледник с группой единомышленников. Путь, уже знали, что долгий, так как 19 июня на свою годовщину уже ходили на дальний водопад, понимали, что только до водопада добираться 2,5 – 3 часа, а потом еще выше и выше к желанным снегам. Владимир, наш провожатый, предложил идти по ручью – там и интереснее сложнее (об этом мы в полной мере узнали под вечер).

Собрались мы в 9.00 утра, вкусно совместно позавтракали, подзакупили с собой еды и отправились в путь-дорогу!! Путь лежал через Дарамкот (Dharamkot), а не Багсу (Bhagsu), как в прошлый раз, и в основном был по теньку, что очень комфортно и удобно.

В течение часа добрались до первого привала, попили охладительных напитков, передохнули и отправились дальше.

Затем примерно через 1,5 — 2 часика с небольшими перерывами дошли до водопада, тут в полной мере отдохнули и искупались по полной программе!!! Хоть вода там и "-50" градусов, но на жаре это очень комфортно и классно, все взбодрились, набрались сил, подышали свежим воздухом, полюбовались красотой и великолепием видов, порадовали нашим купанием многочисленных зрителей – тибетцев и индусов, и отправились выше.

По пути наверх у нас появились попутчики: 4 собаки, которые, как истинные попрошайки-экстрасенсы, поняв, что скоро у нас привал с вкусной едой, шли за нами высоко, не отставая ни на шаг, позируя с радостью для наших фото и не слушая девчонок, пытающихся их прогнать! В общем, сопровождали они нас долго, даже оббегая вокруг, пока мы не добрались на высокий крутой камень, на который и сами взбирались уже при помощи страховки и веревки.

Здесь был наш вкусный и приятный совместный и уже долгожданный обед!! Но и тут же уже начался дождик нешуточный, который явно показывал, что дальше идти нежелательно, но желание увидеть ледник было сильным, и мы все поднимались выше по очень крутым и скользким камням, периодически скрываясь от дождя под навесными скалами.

Дождь становил нас на полпути, вот здесь мы и познали, что такое «сезон дождей» в Индии и ощутили по полной программе. Дождь лил коло 30 минут без остановки со всей силой (а мы на открытой местности!), принято было решение спускаться обратно, и все это происходило также по покатым и уже очень скользким камням. В этот момент уже было не до фотографирования, поэтому есть только кадры в перерывах дождя, так как он периодически утихал и давал пройти обратно, но через 10-15 минут возобновлялся с былой силой. Ну и самое смешное (но на тот момент страшноватое). Мы же хотели дойти до ледника и увидеть ледник, но погода нам не дала)), но и тут Вселенная идеальна, и все желания исполняются абсолютно всегда!!! И еще у Вселенной огромное чувство юмора по исполнению желаний. Так вот – шутка удалась: нас накрыл 20 минутный град безумной силы, мы пережидали его, прикрыв лицо и открытые части тела, бил он даже через одежду сильно, размер градин был от 1-5 см, и прекращаться он ни в какую не хотел. Когда он в итоге дал нам перерыв, и мы снова бегом по мокрым, скользким камням отправились вниз, он – шутник – возобновился минут через 10, конечно с меньшей силой и напором, но и это нас уже не радовало. Промокли мы насквозь, просто периодически выжимали на себе все как могли, продрогли и замерзли безумно, а впереди еще 3 часа ходьбы под дождем, чтобы вернуться домой (дождь так и лил то сильнее, то иногда накрапывал, всю нашу обратную дорогу).

Шли мы мокрые, и девчонки уже говорили, выпить бы чего-нибудь алкогольного, чтобы согреться и пережить стресс. И тут Вселенная идеальна во всем! (мы давно заметили, что в Индии материализация желаний колоссально быстрая, а в горах ускорение еще выше). Оля, которая уже шла впереди нас всех, остановилась через минут 20 пути в кафе придорожном, там горел мини-костер, и заказала чай на всех нас. В этом кафе было много индусов, и все пережидали дождь, кушали и грелись, конечно же они как всегда с радостью разглядывали «белых» и начали общение с нами, но начали необычно… Они предложили выпить хорошего коньяка (судя по бутылке – дорогого) и согреться и все это совершенно даром, по ним даже было понятно, что наше согласие для них – это большая честь и похвала их гостеприимству. Все наши попутчики отказались с недовольным видом и явным пренебрежением к индусам, а мы после уговоров согласились, я и Паша выпили по одному глоточку, так как больше не хотели, а просто было приятно поддержать компанию, когда еще после этого я их поблагодарила и сказала: «Намасте!!» — их радости и восторгу не было предела!! Есть в них порой что-то детское и очень часто много искреннего!!! Да, порой в статьях мы указываем, что они и «наебать» могут по полной программе (статья «Мы в Индии»), но они, как впрочем и все люди, очень разные и в основном для нас они добрые и порядочные и очень заботливые!!! Вот эти в кафе - искренностью своей просто поразили, они и впрямь хотели помочь и были очень нам рады, и они все всегда радуются. Когда говорим, что Индия — прекрасная страна, есть у них национальная гордость и нет напыщенности и жадности, что порой прослеживается в русских… не во всех русских конечно, но, увы, в большинстве нынешнем… Благодарны и тем ребятам, кто нам помог бескорыстно жилье в Дарамсале найти, об этом в нашей статье «Как мы добирались до Дарамсалы». Вообще очень благодарны всем прекрасным людям, которые тут учат нас все большему принятию и благодарности не наставлениями и порицаниями, а своим личным примером!! (это и Индийцы, и Тибетцы и многие русские и украинцы). Индия – страна истинного принятия и благодати, желаем и России уже прекратить «бег за золотым теленком», а остановится и посмотреть вокруг, порадоваться и оказаться в моменте «здесь и сейчас» и понять: случайностей в мире нет, нет людей, которые просто в вашей жизни. Все люди друг другу ученики и учителя, и все ситуации в жизни – для духовного роста и расширения зоны своего комфорта и принятия!! Благодарность – великий инструмент!!! Пользуйтесь им каждый день в любой ситуации, и мир ваш станет ярким, волшебным и сказочно прекрасным и будет радовать вас только приятными подарками и сюрпризами!!! Любим вас и благодарим, легкости вам во всем и осознанности!! И помните: даже если вас съели, у вас всегда есть как минимум два выхода!!! Пока ты жив, ты единственный автор и творец своей жизни!! Не можешь изменить ситуацию – измени отношение к ней, пойми, что все всегда к лучшему и так и станет наяву!!! Мысли совершенны и материальны!!!

Ответы на вопросы тех, кто собирается в Индию

Posted on 16.09.2012 by Павел и Анастасия

Вопрос: Мы хотим путешествовать по Индии без тура, что нам нужно подготовить?

Ответ: В первую очередь — **ВЫУЧИТЬ АНГЛИЙСКИЙ ЯЗЫК!!!** наряду с хинди английский является официальным языком Индии. Если нет желания и возможности его учить — езжайте как туристы-пакетники в отель — выйдет вам и дешевле и комфортнее. Там много русскоговорящих индусов. Вне отеля без знания английского индусы с вас могут поиметь очень много ваших денег. Вообще лучше запастись знаниями об Индии: нас, ничего о ней не знающих простаков, в первые пять дней развели на 1200$, это подробно описано в статье «Мы в Индии«

Также возьмите несколько копий загранпаспорта с визой, цветных фотографий на документы любого формата — это пригодится для снятия жилья, транспорта, оформления мобильной связи и интернета.

Изучите форумы и фильмы об Индии. Особенно познавательна передача «Мир наизнанку», все серии в начале этой статьи.

Вопрос: Какие цены в Индии? Сколько нужно минимум денег в месяц?

Ответ: По сравнению с Россией Индия очень дешевая страна. Дорого только там, где много туристов. Мы вдвоем жили, ничем в себе не отказывая, за 700-1000 в месяц. Сюда входили: аренда жилья, аренда скутера, бензин, каждодневное питание в ресторанах и кафе, мобильный телефон, интернет, личные расходы. Подробнее о ценах в статье <u>Полезная информация о Гоа</u>«

Вопрос: Где найти дешевые билеты в Индию и где сделать визу?

Ответ: На нашем сайте справа есть колонка «Дешевые авиабилеты» — можете там посмотреть, цены реально дешевле, чем на официальных сайтах авиакомпаний — проверено на собственном опыте. Также в интернете много сайтов-агрегаторов, которые показывают всю необходимую информацию по нужным вам рейсам.

Насчет визы узнавайте в турагентствах своего города. Часто делают визу вместе с покупкой тура, реже — при заказе авиабилетов у фирмы, и единцы, кто могут сделать визу без брони билетов и гостиницы. Узнавайте!

Вопрос: Где в Индии можно снять жилье и транспорт?

Ответ: Подобные вопросы узнавайте у местных, если хотите снимать по выгодным ценам. Если вам предлагает жилье и транспорт уроженец России, Европы или других стран, то вы имеете дело, как правило, с посредником, который свой процент с вас поимеет. Спрашивайте в магазинах, в лавках, в домах, спрашивайте у индусов — они практически все друг друга знают и подскажут, где снять. Обязательно осматривайте дом и средство передвижения на наличие повреждений — указывайте на них хозяину, чтобы потом не было неожиданных претензий с его стороны.

Вопрос: Говорят, что Индия грязная страна: много мусора, нищих, заразы и трупы сбрасывают в воду, оттуда же и пьют. Это правда?

Ответ: Ментально Индия гораздо чище, чем Россия. Да, в Индии выбрасывают много мусора на дорогу. Но никто не делает из этого трагедию, как в России и Европе. Это что-то само собой разумеющееся — мусор есть, зачем его скрывать и казаться чище? Это можно понять, только пожив несколько месяцев в Индии. Да и от мусора индусы избавляются по своему — собирают его кучками и сжигают его в конце либо начале дня.

Нищих в Индии немного. Это так кажется на первый взгляд, потому что индийские бедняки намного активнее просящих милостыню в России. Они подойдут, попросят, улыбнутся, надавят на жалость изуродованным телом, либо детьми, сделают сальто — что угодно, лишь бы белокожий дал им десятку рупий. Есть те, кто давит на религиозность, и ходят с железным ведром, прося подаяние «богу — железному ведру». Читайте статью «Нищие в Индии« Самый многочисленный — это средний класс, очень много работающих индусов. Просто они так обыкновенны, что, не присматриваясь, не замечаешь, как их на самом деле много.

Зараза и прочие болезни в Индии — это миф брезгливых людей. В Индии едят руками, свободно едят пищу, взятую с чужих рук, рестораны и кафе готовят в кухнях, противоположных идеалам ГОСТов и СанПИНов. Несмотря на все это, еда получается вкусная, с душой и без неприятных последствий. Воду индусы пьют, не касаясь губами бутылки или стакана, моют руки после еды, вместо туалетной бумагой — обязательно подмываются водой.

Стереотип про трупов идет из города Варанаси. Там действительно сжигают трупы, а после сбрасывают их в реку Ганг, река эта для индусов священна, поэтому особо верящие не боятся из нее пить. Сама же Индия — страна большая и разнообразная и одним городом Варанаси, не ограничивается.

Вопрос: Хотим научиться йоге и медитативным практикам. Где в Индии этим можно заняться?

Ответ: Увы, несмотря на то, что йога и многие известные гуру родом из Индии, в России йога-центров и медитативных холлов больше. В Гоа той же йогой и медитацией занимаются в основном белые люди и учат этому других белых людей. Мы, приехав в Индию, думали, что йоги сидят на каждом углу и в медитацию погружено все население — фиг там! Индийские города — такие же муравейники как и Российские, только люди ко всему проще относятся. Хотите заниматься индийской йогой и индийскими медитациями — ищите соответствующие ашрамы. И остерегайтесь «Чудо-Гуру» в любых странах,.

Вопрос: Чего следует бояться в Индии?

Ответ: Своих желаний и страхов. Они материализуются с необыкновенной скоростью в пространстве Индии. Людям, кто не в ответе за свои желания и страхи — не место в Индии, ситуации для таких обязательно притягиваются такие, что мало не покажется.

Вопрос: Строгие ли в Индии законы?

Ответ: Формально в Индии есть законы, а по факту — карма 😊 Дорожное движение хаотичное, единственное правило: увидел свободное место — езжай. На дороге все правы: и машины, и мотоциклы, и пешеходы, и коровы. С полицейскими всегда можно договориться за взятку, либо вообще на них никакого внимания не обращать.

Вопрос: Есть ли в Индии русская еда?

Ответ: Русская и европейская кухня есть только в туристических местах. В остальном же Индийская кухня пестрит обилием перца-чили и специй. Будьте готовы к острой, необычной и непередаваемо вкусной пище.

Вопрос: В какое время лучше всего приезжать в Индию?

Ответ: С октября по март. В это время уходит сезон дождей и жара не такая жуткая как в летнее время. Погода комфортная. С апреля начинает нарастать жара, становится очень душно днем до +40 и выше и ночью температура около +30. В июне начинается сезон дождей — каждодневные ливни, и если выдается день безоблачный, то стоит смертельная жара, в Дели градусники зашкаливали за +50.

Вопрос: Сложно ли найти с индусами общий язык?

Ответ: Без знания английского очень сложно. А так, индусы как правило первыми заводят разговор с белокожими. Они легки в общении, ничего от тебя не требуют.

Вопрос: О каких Индийских традициях следует знать?

Ответ: Приезжайте в Индию и познавайте ее.

Вопрос: Чему следует научиться в Индии?

Ответ: 1) Умению торговаться. Приходите на рынок, снижайте цену в три-пять-десять раз. Эмоционируйте, играйте, получайте удовольствие от процесса! Индусы-торговцы любят торговаться, особенно с иностранцами, так почему бы и не поощрить их этим? Если не хотите торговаться — платите соответственно больше.

2) Принятию любых жизненных ситуаций. Про Индию говорят «Same, same, but different» — одинаково, одинаково, но разное. Если индуса научить варить борщ, то он все равно будет готовить его с острыми специями (без них невкусно) и возможно без свеклы (она долго варится).

У индусов такой принцип: есть я и моя жизнь, есть ты и твоя жизнь. Я в твои дела не лезу, ты не лезь в мои. Индусы не запарены мыслями, что у других людей — у них есть своя жизнь. Поэтому бедняки и калеки могут тебе искренне улыбнуться, в хаосе дорожного движения аварии редки. Страны и континенты по форме своей напоминают части и органы человеческого тела. Индия на планете Земля — сердце.

Пляж Парадайз и Реди форт

Posted on 01.12.2012 by Павел и Анастасия

Мы уже долго пребывали в Гоа и много слышали про волшебный пляж Парадайз и древний завораживающий форт Реди, что находятся в соседнем к Гоа штате Махараштре. Желание посетить эти манящие места зрело давно, и наконец-таки мы познакомились с парой ребят из Киева Сашей и Инной с аналогичным созревшим желанием.

Самым быстрым и интересным способом добраться до Махараштры является переправа через паром. Мы поехали в северное поселение в Гоа — Керим (Querim). Добраться до Керима просто — одна прямая дорога из Арамболя, любой местный подскажет направление. Из Керима до Махараштры идут два парома. Первый паром находится сразу за большим строящимся мостом. Мы успели вовремя: как только мы подъехали, паром прогудел пару раз и отплыл. Индус жестами нам ярко объяснил, что возвращаться паром не собирается, езжайте, ребята, дальше к другому парому. Что мы и сделали. По той же дороге, практически в ее конце, находится пристань для другого парома. Рядом с ней стоят машины, байки, люди. Мы остановились там и наблюдали, как степенно с другого берега отправляется широкий паром. Не спеша он подплыл к пристани, первыми заехали машины. Кстати, счастливые обладатели автомобилей обязаны заплатить 100 рупий за провоз своего транспортного средства, а беспечные байкеры и пешеходы обходятся бесплатным обслуживанием.

ждем паром с берега Махараштры

Паром, на который мы заехали, оказался гуманнее предыдущего: уже на пару метров отплыв от пристани, он вернулся обратно за опоздавшим индусом на скутере и подобрал его.

Через минут 5-7 мы уже с интересом ехали на неизведанных нами дорогах Махараштры. Первым местом нашего посещения стал давно заброшенный и разрушенный временем и природой форт Реди. Найти его не составило трудностей: если ехать по дороге от парома прямо, первый поворот направо, затем прямо-прямо-прямо и через пять минут налево у большого белого камня с синими буквами и красными стрелкам. На пути, кстати, встретится пост полиции, но можно не беспокоиться: работников поста индийской полиции мотоциклы и скутеры не интересуют. Как правило, они дерут добрые пять сотен рупий с автомобилистов с желтыми номерами — таковы индийские законы в Махараштре. Желтые номера — это признак коммерческих машин: такси, арендуемые машины, рикши, автобусы, самосвалы — эти машины приносят прибыль своим хозяевам, а последние, в свою очередь, платят налоги государству Индии.

Встречавшиеся нам на пути индусы с нескрываемым энтузиазмом и уверенной жестикуляцией направляли нас к форту Реди. Дорога к форту не поражает своей гладкостью: частые ямы, колдобины, бугры вперемежку с парой непонятно зачем поставленных лежачих полицейских. Перед фортом располагается небольшая стоянка, где мы оставили свой байк. От стоянки ведут две дороги, одна пошире — к пляжу Реди, другая узкая тропинка — к древнему форту. Там же на стоянке стоит индус, который с удовольствием вас проведет по форту за ваши деньги, но об этом вы узнаете по факту проведения экскурсии. Поэтому мы сразу сказали ему, что мол, брат, ноу хелп, сорри.

Реди форт поразил нас не столько своим существованием, сколько своей загадочной древностью, заставляющей воображение представлять картины прошлого, и сравнение воображаемого прошлого и развалившегося настоящего по-своему впечатляет. Несмотря на видимую старость сооружений, многие комнаты, коридоры, стены с квадратными и полуовальными дырками-окнами неплохо сохранились. И кирпич, из которого в основном построен форт, поразительно мало отличается от строительного кирпича, который используют при возведении домов, гестхаусов, вилл в настоящее время в Гоа. Отличия разве что в возрасте, да и, соответственно, в цвете (форт более темен). Кирпичи в Индии, кстати, большие и пористые, чем и различны от российских. И, наверное, благодаря своей пористости, стены форта стали пристанищем для многочисленных деревьев, пустивших корни прямо в них, придавая общей картине древности некий гротескный вид невозвратимой заброшенности.

Не рекомендуем посещать форт в длинных брюках или платьях: половым покрытием форта давно уже стала трава да кустарники, среди которых часто встречается длинная вьючная и очень колючая трава, расцарапавшая нам лодыжки.

Далее мы отправились на райский пляж Парадайз (Paradise beach). Найти его еще легче, чем форт: мы выехали на главную дорогу, с которой некогда к форту свернули налево у белого камня, и продолжили путь в том же направлении вглубь штата. Прямо по этой дороге, никуда не сворачивая, мы уткнулись к синей вывеске-схеме, ясно показывавшей, что искомый Парадайз налево. Повернув, мы через минут пять добрались до удивительного для индийских джунглей места. Перед пляжем раскинулись... высокие хвойные деревья, наполняющие воздух приятным ароматом, ступни щекочет смесь песка, хвои и шишек. Первое впечатление — это не Индия, это сибирская база отдыха, кои воздвигают вокруг местных озер, еще бы мангал с шипящим шашлычком — и не отличишь! Но индусы, во все голоса предлагающие напитки, картошку, фрукты и кукурузу возвращают к реальному восприятию действительности.

Правда, в реальности восприятия действительности вскоре опять пришлось усомниться. Подходя ближе к морю, мы вышли на мягкий, ласкающий белый песок. Еще ближе к воде песок стал невероятно и тонко хрустящим, будто мелкий снег в зимнем лесу. С одной стороны Аравийское море, теплое, спокойное, с другой — величественные хвойные деревья, а между ними — белый нежный хрустящий песок. Разве может такое волшебное место быть Индией?

Покупавшись в приятной освежающей воде безграничного моря, мы немного обсохли и двинулись в обратный путь.

Правду говорит одна фраза: «тот кто не путешествует, то читает лишь оглавление своей книги жизни». Можно миллионы раз слышать о существовании волшебных мест на нашей планете и миллиарды раз смотреть фото и видео про них, но впечатления, раз пережитые там, остаются навсегда в сердце. Опыт, приобретенный и накопленный в путешествиях, даст больше, чем городская рутина. Жизнь стоит того, чтобы быть прожитой в путешествии.

Как мы добирались до Гоа

Posted on 07.12.2012 by Павел и Анастасия

Гоа — неповторимое и волшебное место, здесь приятно отдохнуть, сняться в болливудском кино или музыкальном клипе какого-нибудь индуса, познакомиться с уникальной индийской кухней, вдыхать гоанский воздух, пропитанный морем, пальмами, сандаловыми благовониями.

Как же добраться до сказочного тропического места Гоа?

Самый простой способ – заказать авиабилеты до гоанского аэропорта Dabolim. Билеты можно заказать в турагенстве, можно самостоятельно. У нас на сайте справа есть колонка «дешевые авиабилеты». Обязательно гляньте, мы сами заказывали так билеты до Индии, потому что было предложение дешевле, чем на официальном сайте авиакомпании.

Сам аэропорт Dabolim расположен в южном Гоа.

Мы добирались до Гоа другим способом. Мы взяли авиабилеты Москва-Дели компании Emirates, с пересадкой в Дубае. В самолете насмотрелись кино, наелись вкусной еды и вообще хорошо отдохнули. По нашим посадочным талонам мы получили ваучер на бесплатную еду в аэропорту Дубая у представителей Emirates. На выбор еды представлялось три места: тайская кухня, европейская кухня, макдональдс.

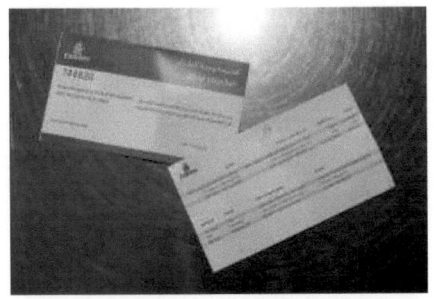

ваучеры на еду в аэропорте Дубая

Блюда тайской кухни: рис, спринг-ролл и острейшее карри

Пицца пепперонни. Итальянская кухня

Все в том же дубайском аэропорту

Мы прилетели вечером в Дели в международный аэропорт Индиры Ганди, терминал 3. Оттуда недорого добраться до города можно двумя путями: 1) метро за 80 рупий (на момент нашего приезда оно было закрыто на реконструкцию); 2) автобусом за 75 рупий (чем мы и воспользовались. Можно было бы еще взять такси, но оно дорого, и мы пережили неприятный опыт с такси когда первый раз приехали в Индию, ничего о ней не зная, подробно описали все в статье «Мы в Индии»

Автобус из аэропорта найти очень легко: на улице недалеко от выхода около стойки 18 стоит красный автобус – это он.

Мы добирались на автобусе до New Delhi Railway Station (если метро, то станция New Delhi). Совсем рядом расположено основное туристическое место Дели – «мейн базар» или по-индийски Pahar Ganj, где можно снять жилье и познакомиться с Индийском колоритом. Автобус остановил нас прямо у ворот New Delhi railway station, мы прошли сквозь них, зашли внутрь вокзала, прошли через пост с просвечивателем багажа и металлоискателем, по эскалатору перешли на второй этаж и по большому воздушному переходу через все рельсы вокзала перешли на другую сторону. Оттуда спустились вниз и направились к большим воротам наподобие тех, что были с другой стороны, через дорогу от них находится Pahar Ganj. Если добираться на метро, то нужно направляться до станции New Delhi, там искать Gate 4, через этот выход можно выйти прямо к вокзалу, ну а дальше по переходу и до мейн базара.

улица Мейн Базара (PAhar Ganj)

В Pahar Ganj мы остановились в отеле Lord Krishna, он находится на главной улице, заплатили за номер на двоих без кондиционера, но зато с вентилятором, санузлом — 450 рупий (9$). Это не самая дешевая (есть и за 300 рупий отели), но очень выгодная цена для отеля на главной улице.

На следующее утро мы пошли покупать жд-билеты до Гоа. На том же вокзале New Delhi railway station есть International tourist Bureau. Найти его просто: в здании вокзала через дорогу от мейн базара (никуда больше идти не нужно) висит синяя табличка с соответствующем названием, ведущая на второй этаж. Там большое помещение, где оформляют жд-билеты иностранцам на желаемые им даты и направления. У индийских железных дорог особые условия: чтобы обычным индусам получить билет на поезд, им нужно пройти через так называемый waitlist – только в день отправления поезда многие узнают, поедут они этим поездом или нет. Для части граждан есть квоты — забронированные места в поезде (старики, дипломаты, врачи и т.д.) Для иностранцев есть туристические квоты, по которым мы и взяли билеты до Гоа. Туристическая квота оформляется прямо в International tourist Bureau. Необходимые документы: загранпаспорт, заполненная анкета. Анкеты в свободном доступе висят в пластиковом боксе на стене International tourist Bureau, там указываются имена пассажиров, место отправления и прибытия поезда, класс вагона, дата отправления. Если возникнут трудности при заполнении, работники бюро помогут анкету заполнить.

В Гоа есть два вокзала, куда стоит брать билеты: Тивим (Thivim) в Северном Гоа и Мадгао (Madgaon) в Южном Гоа. Мы предпочитаем северный Гоа, поэтому взяли билеты до Тивима, класс АС3. Подробнее об индийских поездах в статье «Полезная информация о Гоа»

Наш поезд отправлялся с вокзала Nizamuddin (Низамуддин) в 9:20 утра. Чтобы добраться до него, мы взяли такси за 200 рупий. Еще можно было до него добраться на рикше за 100 рупий, но у нас было много багажа, да и в наш день отъезда водители рикш почему-то боялись ехать к Низамуддину.

Поезд на удивление отбыл по расписанию, но зато на 40 минут опоздал по прибытию в Тивим. Оттуда на рикше добрались до нашего дома в уютном местечке Сиолим.

Как мы добирались из Гоа до Непала

Posted on 21.03.2013 by Павел и Анастасия

Готовиться к поездке мы начали за месяц до отправления. Был выбор: добираться самолетами до Катманду, либо поездами и автобусами. Мы не раздумывая выбрали второй вариант, он бюджетнее, интереснее, пусть и теряет в комфорте и времени 😊

Для начала мы перечитали кучу сайтов и форумов по этой теме. Самым полезными оказались сайты:

http://www.life-in-travels.ru/2012/04/varanasi-katmandu.html

http://journeye.com/tips/nepal-travel-guide/

http://www.indostan.ru/forum/24_0.html

Так же, полезной окажется статья «Как мы добирались до Гоа«

Мы наметили такой маршрут:

На поезде Гоа-Дели -> на поезде Дели-Горакхпур -> на автобусе Горакхпур-Соноли -> пешком до границы -> на автобусе от границы до Катманду, район Тамель

Возможен так же вариант Дели-Катманду на Deluxe bus, билеты наверняка можно взять в Pahar Ganj. Цену и штампово-визовые нюансы необходимо узнавать в агентстве.

Чтобы определиться с поездами, мы искали удобные варианты на индийском сайте железных дорог http://www.indianrail.gov.in/dont_Know_Station_Code.html

Там же смотрели наличие туристических квот (Foreign tourist quota) на нужные нам поезда на том же сайте индийских жд. Если собираетесь передвигаться по Индии на поезде, обязательно смотрите наличие туристических квот и требуйте оных в кассах, иначе получите билеты с Waitlist — листом ожидания, что не гарантирует наличия места в желаемом поезде. Об индийских поездах мы писали в статье «Полезная информация о Гоа«

Самым удобным вариантом оказались следующие поезда: **12779 Goa Express** (Vasco-Nizamuddin) и **12554 Vaishali express** (New Delhi — Gorakhpur).

Nizamuddin и New Delhi — это два жд-вокзала в городе Дели, как добраться с одного до другого, изложено дальше в этой статье.

По графику выходило так: на поезде Goa Express мы выезжали с вокзала Vasco в воскресенье в 15:10, приезжали в Дели во вторник в 6 утра, в этот же день Vaishali express отправлялся из Дели в 19:50 и прибывал в среду в Горакхпур в 9:00. Учитывая, что индийские поезда имеют свойство опаздывать — это очень удобное стыковочное время.

Определившись с поездами, мы поехали за билетами в столицу Южного Гоа — город Маргао. Мы думали, что только там можно взять билеты по турквоте, а оказалось все совсем не так. Отстояв час в очереди на вокзале Маргао, мы получили отказ и указание ехать в город Васко (Vasco da Gama), что мы и сделали. Жд-вокзал в Васко найти просто: большое желтое здание слева по главное улице — карты Google и местные жители вам в помощь 😊

В Васко мы действительно получили желаемые билеты на оба поезда без проблем, взяли класс 3AC — на двоих вышло 100$ за все. Знакомый таксист сказал, что туркквоту можно взять и на вокзале Тивим (на севере Гоа), что мы и проверим в следующий раз.

Поезд 12779 Goa Express свое название не оправдал — опоздал на 4 часа, хорошо, что у нас стыковочное время — 11 часов, поэтому мы особо и не расстроились, а даже обрадовались, что меньше ждать следующего поезда. Единственное, что нам понравилось в этом поезде — это то, что он проезжает мимо огромного водопада Дудх Сагар в Гоа. Наблюдали его из окна купе (там где по 3 полочки).

По прибытию в Дели нам нужно было добраться с вокзала H.nizamuddin до вокзала New Delhi

Как добраться с Nizamuddin до New Delhi:

Можно добраться на такси или на тук-туке, либо на велорикше до ближайшей станции метро, а оттуда до станции New Delhi. Кроме метро, цена для белых сильно варьируется, так что необходимо сильно торговаться.

Мы сделали очень просто. Вышли с вокзала Низамуддин, следовали по указателям до Bus Stand, на что затратили 5 минут + 5 минут на поиски необходимого автобуса. Там есть автобусы, которые ходят непосредственно до New Delhi Railway Station. Номера автобусов 166 и 181. Может есть и другие, мы доехали на номере 166 за 15 рупий на человека. В делийском автобусе своя система оплаты: на пассажирском сидении около средних дверей сидит кондуктор, вокруг которого куча индусов. К нему нужно подойти, назвать свою станцию и отдать деньги. Вся процедура делается сугубо по-индийски: встал без очереди, сказал остановку, протянул деньги и ждешь когда кондуктор обратит свой взор на тебя, при необходимости процедура повторяется. Мы также попросили, чтобы он объявил нам станцию, что он заблаговременно и сделал.

Автобус ехал полчаса и остановился как раз через дорогу от ворот вокзала New Delhi, рядом с Pahar Ganj — туристическим местом в Дели с кучей гостиниц, агентств, торговых лавок и ресторанчиков.

В 19:50 по графику отправился поезд до Горакхпура. Мы поразились, как много людей едет вместе с нами на этом же поезде, в General Class за час до прибытия поезда уже была огромная очередь. General Class — самый дешевый вид вагонов, места распределяются по правилу кто успел, тот и сел, не зависимо от возраста и пола, а также не зависимо от того является ли место сидением или багажной полкой. Мимо нас проезжали вагоны General Class — они больше напоминали битком набитый автобус в час пик.

В поезде как всегда познакомились с индусами. Как всегда поговорили за Россию и Индию. Они научили нас одной хитрости: если по вагону ходят работники поезда и кричат «ЧАЙ-ЧАЙ!», а очень хочется кофе, то этот кофе нужно просто потребовать у персон, раздающих чай. У них в карманах припрятано несколько пакетиков кофе, просто чайный напиток больше популярен у индийцев, нежели кофейный, поэтому кофе и не во всех поездах объявляют. Индусы угостили нас кофе, а мы их российскими конфетами «Мечта», иногда полезно таскать с собой какую-нибудь отечественную мелочь типа конфет или монет или брелков — всегда есть чем отблагодарить местных жителей.

Так же с нами в купе сидел непалец, который рассказал нам немного о Непале, интересных местах и ценах, мы вместе с ними выходили на станции Горакхпур. Кстати, в поезде станции не объявляют, поэтому попросите у индийцев, с кем едете вместе о поддержке в этом вопросе. Как правило, никто не отказывает белым путешественникам.

Поезд опоздал на 40 минут. Вместе с непальцем мы вышли в Горакхпуре, следующий пункт назначения — Sonauli (Соноли) — граница с Непалом. Непалец нас провел до автобуса. Мы шли в следующем направлении: Вышли из здания вокзала и направились направо, расталкивая таксистов, предлагавших доехать до Соноли за 150 рупий с человека. Мы вышли на стоянку авторикш и машин, дальше была проезжая часть, параллельная вокзалу. Там стояло два автобуса. Проверили их — спросили у водителя, идет ли до Соноли, получили отрицательный ответ и отправились дальше по дороге в сторону памятника: всадника на коне. Около памятника с криками «Соноли! Соноли!» к нам подбежал индус и нагло проводил к автобусу, все произошло быстро, что мы даже не успели попрощаться с непальцем. Автобус оказался обычным local bus. Мы сложили рюкзак в багажное отделение, отдали по 80 рупий за билет до Соноли и сели ждать отъезда. Автобус отправился в 10:15. В том же автобусе мы познакомились с еще одним индусом, который тоже ехал до Катманду.

В Соноли мы прибыли во втором часу дня. Автобус не успел остановится, а к нему уже подъехало с десяток велорикш. Мы решили добираться пешком — всего лишь 500 метров по одной улице. В Соноли заблудиться невозможно — это приграничное поселение, состоящее из одной улицы, ведущей прямо к границе с Непалом. При переходе границы нужно на индийской стороне поставить штамп. Для этого держитесь правой стороны и в метрах 50 от границы будет справа контора INDIAN IMMIGRATION в красно-белых тонах. Там нужно заполнить анкету и отдать паспорт. Персонал дружелюбно ответит на все вопросы касательно анкеты и виз. Там за минуту ставят штамп и можно двигаться дальше. Никаких денег за это не берут.

Спокойно переходите границу, опять же держась правой стороны. Справа будет здание IMMIGRATION OFFICE — там дают две анкеты, простые в заполнении. Нужно: фотография, паспорт и баксы. 25$ — виза на 15 дней, 40$ — виза на 30 дней, 100$ — виза на 3 месяца. Фотографию принимают без особых ограничений в размере, лишь бы была как на документы.

Анкеты так же просто заполняется, персонал дружелюбно отвечает на все вопросы. За 5 минут клеят визу и все — мы официально в Непале! На границе разницы с Индией особо не почувтсвовалось, чуть больше непальцев, другая валюта, атмосфера та же. Удивили джипы — советские уазики с переделанным кузовом, но с сохраненной оригинальной эмблемой уральского автозавода.

Теперь мы уже не в Соноли, а в Белахии — это уже непальское приграничное поселение состоящее из все той же одной улицы. Нам осталось взять автобус до Катманду. Непалец из поезда и индус из автобуса посоветовали брать на вечернее время, чтобы быть в столице утром — автобус идет часов 10-12.

На границе есть доска, на которой написано, что до Катманду 253 км и не сразу становится ясным, как 253 км можно ехать 12 часов на автобусе, который меньше 60 км/ч гнать не будет . За такое же время мы ездили на local bus из Дели до Дарамсалы 650 км и так же по горным дорогам. Дальше в статье описано разъяснение этой ситуации.

Наши путешествие в Дарамсалу изложено в статье «Как мы добирались до Дарамсалы.« Дальше в статье описано разъяснение этой ситуации.

Времени два часа дня, мы решили покушать. Сперва поменяли деньги. На границе будьте внимательны: там много контор по обмену валюты, в одной конторе нам предлагали 1$ = 75 непальских рупий, в других давали 83 и 84 рупия. В тех же конторах спокойно меняются индийские рупии на непальские.

Так же будьте внимательны: вы уже в Непале, все цены в рупиях — в непальских рупиях. Рассчитывайтесь только ими.

Для перекуса мы выбрали место Aakash hotel — в 100 метрах от границы всё с той же правой стороны. Цены на еду средние индийские — за 6$ на двоих мы сытно перекусили, да еще и в закрытом прохладном помещении. В этом же здании есть контора BADAL TOURS, там мы взяли автобус до Катманду на 6 вечера. Рассчитались с ними индийскими рупиями — 380 рупий с человека. В конторе мы встретили того самого индуса, с которым познакомились в автобусе до Соноли. Взяли соседние с ним места.

Кстати в этой же конторе мы спокойно оставили рюкзак — пока ходили по Белахии, никто к нему не притронулся. Так же там нам дали бесплатный вай-фай, и потом договорились за нас с водителем, чтобы рюкзак с вещами положить в багажное отделение, а не на крышу. Очень приятное место с приятными людьми. Мы в комфорте скоротали 4 часа и сели в автобус.

Автобус оказался новеньким локал басом — это автобус индийского производства, возящий преимущественно местное население по популярным маршрутам. Основная задача локал баса — довезти, все остальное не имеет значения, поэтому любителям комфорта и тех, кого укачивает, рекомендуем несколько раз подумать о том, каким способом передвигаться по Непалу.

Итак, как выглядел локал бас изнутри: сидения с мягкой сидушкой и спинкой. Спинка регулировалась (прерогатива не всех локал басов), но регулировалась она металлическим вентилем под сидушкой, который позволял себя крутить не на всех местах. Нам как раз достались такие с неподвижными вентилями.

Спинки кресел мягкие с одной стороны, с другой стороны — пластмассовая поверхность с резинкой-держалкой для бутылки воды. Держалка для воды — удобно, пластмассовая поверхность — неудобно для коленок и головы, если на нее их складывать. Подлокотник деревянный фиксированный. Имеются полки над сидениями для ручной клади. Окна открываются легко, если нужно. чтобы они не открывались во время тряски — есть фиксаторы (опять-таки прерогатива не всех локал басов). Над окнами зачем-то приделаны никак не регулируемые вентиляторы, сверху над сидениями, как в самолете или комфортабельных европейских автобусах, расположены лампочки и продувалки, которые почему-то никак не работали.

В 6 часов автобус тронулся, заполненный на четверть. Водитель включил индийскую музыку, которая распространялась по всему автобусу из одной колонки. Колонка находилась на местах 5/6, как раз рядом с нами — это не значит, что колонки в локал басах располагаются только на этих местах — все зависит от автобуса и предпочтений владельца автобуса. По пути водитель останавливался около каждого человека на обочине, выбегал кондуктор, разговаривал, на что тратилось в среднем минуты 2-5, затем кондуктор забегал обратно один или с пассажирами. Иногда кондуктор помогал затащить багаж на крышу. После Белахии через 15 минут автобус остановила непальская таможня. Она досматривала багаж: между Индией и Непалом запрещены нелегальные товарно-денежные отношения - поэтому таможня разбирается с теми, кто везет подозрительно крупные партии одинаковых товаров. Наш рюкзак таможня не тронула.

Автобус наполнялся, индийская музыка пела над нашими ушами, вокруг галдели индийцы, периодически кричали их дети. Трясло. С улицы периодически несло чем-то пахучим и вонючим.

Стемнело, водитель включил в салоне свет и светодиоды, обрамляющие лик Саи Бабы — помимо разнообразных звуков, запахов, салон наполнился синим и красным миганием. Вся симфония продолжалась до первой остановки около забегаловки. Стояли минут 15. Разговорились с индусом, его звали Шанкар, поговорили о России, Индии, Непале, он рассказал о своей жизни, мы о своей.

Дальше, по ходу пути пытались уснуть — периодически это удавалось. Мы меняли позы, но все они были неудобными. Были еще остановки минут по 30. На часах шел десятый час, мы где-то остановились. В автобус вбежал молодой индиец с ведром, чипсами и криками: «Пани, Алу чипс, Куркуре! Пани, Алу чипс, Куркуре!» — вода, картофельные чипсы и снек, похожий на читос. Никто у него ничего не взял, он молча ушел. Через минуты 3 забегают пацаны лет по 10-13 с точно таким же ассортиментом и с теми же самыми криками. Никто у них, естественно, ничего не взял. Такая же ситуация повторилась раз 6, единственное, что различалось — это люди, которые все это дело предлагали и кричали. Настя сказала, что кукуруза была бы кстати в этом нелепом однообразии. Далее, таких остановок с такими же ситуациями было еще 2. На одной даже предлагали жареную кукурузу, но она уже была вообще не кстати — очень хотелось спать.

В половину первого ночи автобус сделал остановку около местной забегаловки, водитель и кондуктор ушли питаться и о чем-то болтать с персоналом забегаловки. Автобус стоял 2,5 часа. Все это время водитель и кондуктор питались и общались, а мы спали — это были блаженные 2,5 часа без тряски, индийской музыки. Правда, где-то галдели индусы и периодически ревел ребенок.

В 3 часа ночи зашел кондуктор и водитель, он включил свет, светодиоды, обрамляющие лик Саи Бабы, и врубил индийские песни, заполнившие храпевшее пространство салона автобуса. Кондуктор на полу салона постелил себе картонки и плед — там и уснул.

Остаток пути мы провели, пытаясь уснуть, меняя позы, под звуки все тех же песен. Шанкар сказал, что нам лучше выйти на остановке, название которой произносится как »каланкИ» — ближайшая остановка от Тамеля. В шесть утра объявили остановку, попрощались с Шанкаром, он пригласил к себе в гости в Дели.

Так автобус за 12 часов проехал 253 км. Если не готовы к таким условиям, то можете взять автобус Дели-Катманду, по словам агентств — это комфортабельный Deluxe bus, 40 часов в пути. Стоимость будет конечно же выше, чем на поезде 3AC + локал басы, зато комфортнее.

В КаланкИ мы взяли такси за 300 рупий до отеля <u>King's Land Hotel</u>. Заблаговременно переписали адрес и телефон отеля, что оказалось очень кстати для таксиста — так он смог его найти.

В отеле мы взяли двухместную комнату за 400 непальских рупий, с горячим душем. В отеле бесплатный вай-фай. Будьте готовы к тому, что электричество в Непале включают и выключают по расписанию.

Гоа. Немного по пунктам.

Posted on 09.08.2013 by Павел и Анастасия

Привет! Я хочу рассказать тебе о своём любимом месте. Это даже не Россия, и даже не город. Это ГОА.

Я уверен, что ты поездишь по России, поживёшь в значимых и интересных городах, и уверен, что путешествия твои одной Россией не ограничатся — неизбежная закономерность успешных и свободных от наёмной работы людей.

Я немного ездил по РФ, 20 лет своей жизни в основном прожил в Тюмени с периодическими вылазками в куда-нибудь в другой город по делу, либо в другую страну по турпутёвке. У меня намечалась карьера врача и в целом, нормальная и обеспеченная по бытовым меркам жизнь. И в 2011 году встретил любовь всей своей жизни и вместе с ней уехали в Гоа (не сразу конечно — мы полгода готовились к этому).

Так вот, после того, как мы уже пожили и поработали в Гоа уже довольно приличное время, я уверенно могу тебе сказать — ни один рассказ о любом городе России не вызовет столько ВАУ! как жизнь в Гоа (да в Индии в целом). Расскажу тебе немного по пунктам:

1) Погода. Самый туристический сезон и самый кайф с октября по март, в течение всего этого времени ни одного дождя, ясно, солнечно, днём +30-33, ночью +10. Весь твой пользуемый гардероб, это майка, шорты, сандали — днём, и штаны, куртка, ботинки — ночью. Никаких шарфов, варежек, пуховиков и прочей зимней одежды. Всю зиму россияне на родине мёрзнут, а ты в Гоа можешь спокойно разгуливать в шортах и сандалях, купаться в море и пить свежее кокосовое молочко.

С марта по июнь — подготовка к сезону дождей. Становится жарче и душнее. Днём уже доходит +40, ночью до +20-25. Туристов становится меньше, Гоа после туристического сезона успокаивается. Самые комфортные условия начинаются на севере Индии в Гималаях, либо в соседнем Непале — добраться туда будет не дороже, чем в купе поезда Нижневартовск-Москва =)

С июня по октябрь — уже сезон дождей. Идут постоянные ливни, сильный ветер. Очень скучно и очень свежо, днём +25. Самое лучшее время путешествовать по Европе, России, Америке.

2) Люди. Гоа — индийский штат, местное население — индийцы, которые в большинстве своём прекрасно владеют английским. Индийцы — открытые и эмоциональные люди, здесь в порядке вещей здороваться с незнакомыми людьми, петь в автобусе, просто идти и петь. Бывает на дороге на мотоцикле подъезжает пара индийцев и, неустанно бибикая и махая руками, кричат ПРИВЕЕЕТ!!!

3) Цены. Цены очень радуют! Ты можешь найти дом рядом с морем за 400$ в месяц, байк — от 150$ в месяц, машина — от 20$ в день. Конечно. если поискать, то можно найти цены ещё лучше, а если брать на долгий срок, то можешь сторговать существенную скидку.

Точно могу сказать — с голоду в Индии, тем более в Гоа не умрешь. Еда в дешевых забегаловках начинается от 20 рупий (12 рублей) — это островатая похлебка из овощей, хлеб, чай со специями. В приличных кафе мы с женой на двоих на 10$ объедаемся до отвала и с собой еще часть забираем. В дорогих ресторанах, где цена и качество пищи сопоставимы, на двоих уйдёт 20-30$.

4) Еда. Гоа — это приморский и туристический штат, а значит здесь наисвежайшие и вкуснейшие морепродукты и большое разнообразие кухонь мира. Морская рыба, сибас, тунец, акула, кальмары, крабы, креветки — всё в шаговой и ценовой доступности. Вариации индийских блюд, итальянская

кухня, европейская, мексиканская, тибетская и даже русская — здесь ты от голода не умрешь и от однообразия еды не устанешь =)

5) Природа. Это обилие зеленых кокосовых пальм везде — прямо таки джунгли, со свежим тропическим воздухом. Рядом побережье аравийского моря с песчаными пляжами, холмы, равнины, речки, озёра. Обилие фруктов и овощей. Ещё в Гоа в конце марта начинается сбор кешью-орехов.

6) Наш пример. http://rai-na-zemle.com/blog/ — это наш блог, здесь мы пишем о наших путешествиях, о Гоа и Индии, даём полезные советы. Когда соберёшься в Гоа, наш блог окажется для тебя полезным.

Необыкновенных путешествий!

С уважением,

Павел Гультяев и Анастасия Шпуленко-Гультяева

Еда в Гоа: Electric Cats в Баге

Posted on 05.11.2013 by Павел и Анастасия

Здравствуйте, уважаемые читатели сайта rai-na-zemle.com!

Эта статья для тех, кто хочет отведать индийской кухни и не хочет вкушать присущую ей остроту. В этой статье мы вам расскажем о ресторане, который нас приятно удивил. В конце статьи — приятный подарок для читателей =)

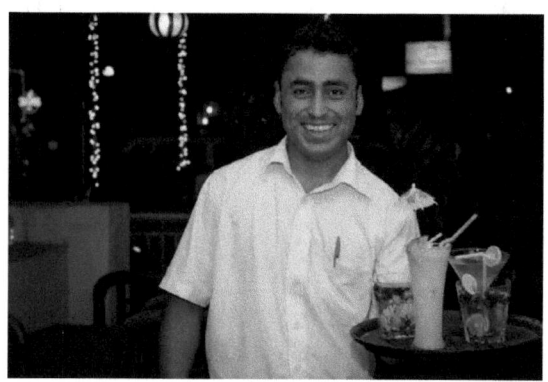

Итак, обзор:

Название ресторана: Electric Cats

Местоположение: 1) Бага, рядом с Thai Foot Spa на главной улице. 2) Калангут, дорога к пляжу, рядом с GTDC Residency.

Кухня: индийская, китайская, европейская, в меню вегетарианские блюда и блюда из курицы, свинины, говядины и морепродуктов, имеется карта бара.

Девиз ресторана: Еда приготовлена для ваших вкусовых рецепторов (Food cooked to your own taste buds) — девиз проверили на себе, читайте наш тейст-драйв ниже.

Время работы: с 11.00 до 01.00

Цены: средние для Гоа

Тейст-драйв (Taste-drive):

Мы заказали блюда: чиз гарлик наан (cheese garlic naan) — лепешка с сыром и чесноком, свинину в кисло-сладком соусе (Sweet and sour pork), фиш масалу (fish masala) — рыба в индийском соусе. Последние два блюда обычно делают острыми, поэтому мы специально заказали NO SPICY (ноу спайси), что значит без острых специй типа перца чили или имбиря. В обычном индийском ресторане фраза «ноу спайси» ничего не значит, вам все равно принесут по-индийски острое блюдо, но в Electric Cat мы были приятно удивлены, как качественно исполняется их девиз.

Про еду в Гоа мы уже писали в статье «Еда в Гоа»

Итак, по порядку:

Чиз гарлик наан мы за три года в Гоа и Индии много где пробовали. Суть у всех такая: круглая лепешка, внутри небольшой слой сыра, либо сыр натерт сверху, там же сверху насыпан чеснок в количестве от незначительного до чрезмерного, слой теста обычно больше слоя сыра. Electric Cats поразил нас необычностью чиз гарлик наана. Его порезали на треугольнички, внутри наана внушительный слой сыра, мягкое тесто небольшим слоем, и достаточное количество чеснока, который приятно дополняет вкус. Особенно вкусен наан, пока горячий. Мы его с удовольствием умяли, и нам принесли другие два блюда: фиш масалу и свинину в соусе.

Свинина в кисло-сладком соусе — блюдо китайской кухни. Китайские блюда в Гоа обычно делают такими же острыми, как и индийские. Electric Cats действительно готовят еду согласно своему девизу и принесли абсолютно не острую свинину. В соусе плавали зеленый перец, лук и кусочки ананаса. Блюдо очень понравилось.

Фиш-масала, как и любая масала должна быть острой, но нам, как и обещали, принесли абсолютно ноу спайси масалу, без имбиря, без перца — большой кусок рыбного филе в пряном соусе. Кстати, сколько мы заказывали фиш-масалу в других ресторанах, рыбу обычно преподносят нарезанную кусочками. В Electric Cats мы опять же удивились, когда увидели большой кусок филе, рыба оказалась очень хорошо приготовленной и без костей. С удовольствием съели всю фиш-масалу.

В общем, еда нам очень понравилась и мы вам рекомендуем посетить ресторан и отведать их кухни. Смело говорите свои пожелания — вам принесут еду, приготовленную для ваших вкусовых рецепторов — проверено на себе.

Дополнение к статье: нам очень понравилась обстановка внутри ресторана — множество гирлянд и фонариков, мягкий свет, бардовые тона, играет динамичная музыка. В ресторане стоит холодильник со свежими морепродуктами — можно выбрать и заказать себе выбранный деликатес. Большой плюс — меню на русском языке с качественным переводом. Также, рядом с нами сидели компании из русских туристов и индийцев. Мы вам поведаем своё наблюдение — если в кафе или ресторане сидят индийцы — это значит, что в еда здесь вкусная и по адекватной цене.

Во время нашего ужина мы познакомились и пообщались с хозяином ресторана. Узнав о нас, он решил сделать подарок всем читателям сайта rai-na-zemle.com, и подарить 10% скидку на меню Electric cats.

Мы специально подготовили скидочный купон, который вы можете распечатать или сохранить на телефон и показать его сотрудникам Electric cats — и вам сделают скидку. При наличии нескольких купонов, скидка не суммируется.

Успехов вам в исследовании Гоа!

С уважением, Павел Гультяев и Анастасия Шпуленко-Гультяева

i want morebooks!

Покупайте Ваши книги быстро и без посредников он-лайн – в одном из самых быстрорастущих книжных он-лайн магазинов! окружающей среде благодаря технологии Печати-на-Заказ.

Покупайте Ваши книги на
www.more-books.ru

Buy your books fast and straightforward online - at one of world's fastest growing online book stores! Environmentally sound due to Print-on-Demand technologies.

Buy your books online at
www.get-morebooks.com

VDM Verlagsservicegesellschaft mbH
Heinrich-Böcking-Str. 6-8   Telefon: +49 681 3720 174   info@vdm-vsg.de
D - 66121 Saarbrücken   Telefax: +49 681 3720 1749 www.vdm-vsg.de

Printed by Books on Demand GmbH, Norderstedt / Germany